STUDY ON THE OPTIMIZATION OF PERFORMANCE APPRAISAL INDEX SYSTEM OF HOTEL FRONT-LINE STAFF

酒店一线员工
绩效考核指标体系优化研究

庄素媚◎著

企业管理出版社
ENTERPRISE MANAGEMENT PUBLISHING HOUSE

图书在版编目（CIP）数据

酒店一线员工绩效考核指标体系优化研究 / 庄素媚著.
—北京：企业管理出版社，2023.3

ISBN 978-7-5164-2795-8

Ⅰ. ①酒… Ⅱ. ①庄… Ⅲ. ①饭店—人力资源管理—研究 Ⅳ. ①F719.2

中国版本图书馆CIP数据核字（2022）第258031号

书　　名： 酒店一线员工绩效考核指标体系优化研究
书　　号： ISBN 978-7-5164-2795-8
作　　者： 庄素媚
责任编辑： 张　羿
出版发行： 企业管理出版社
经　　销： 新华书店
地　　址： 北京市海淀区紫竹院南路17号　　**邮　　编：** 100048
网　　址： http://www.emph.cn　　**电子信箱：** 26814134 @qq.com
电　　话： 编辑部（010）68456991　发行部（010）68701816
印　　刷： 北京虎彩文化传播有限公司
版　　次： 2023年3月第1版
印　　次： 2023年3月第1次印刷
开　　本： 710mm × 1000mm　1/16
印　　张： 10.25
字　　数： 120千字
定　　价： 58.00元

前　言

随着全球经济的快速、多元化发展，我国经济也在增长过程中升级转型，从2007年至2017年，我国旅游业的增长速度一直保持在8%以上，服务业受到更多投资者的关注，特别是酒店业成为旅游、房地产等许多行业的投资新宠。随着酒店业的蓬勃发展，管理者对酒店绩效管理以及员工绩效考核的重视程度也越来越高。

SZ酒店位于广东省东莞市塘厦镇中心位置，是按照国际超级五星级标准建造的豪华花园式商务度假酒店。酒店坐落于半山及湖泊之间，以风景湖泊和半山区建设为主题，融商务、度假、休闲与娱乐为一体。酒店的建筑风格及设施设计舒适典雅，加之周到热情的服务，为商务精英和休闲度假者提供了绝佳的入住体验及全方位的人文关怀。

本书以SZ酒店作为研究对象，首先阐述了本研究的背景及意义，通过调查现状、发现问题、分析问题，最后根据研究对象的实际情况，提出切实可行的问题解决策略。在确定研究内容后，对SZ酒店在绩效管理中一线员工绩效考核方面存在的问题展开分析，根据SZ酒店绩效考核管理的现状及其发展目标，并在借鉴国内外相关理论、绩效管理和绩效考核实践经验的基础上，结合SZ酒店的绩效考核实际，确定研究方法。

其次，针对SZ酒店一线员工绩效考核的现状及存在问题，提出了一线员工绩效考核指标，为使所提出的考核指标不出现重复或冗余现象，运用粗糙集（Rough Set）理论的约简方法对其进行优化，得出SZ酒店一线员工绩效考核指标体系，并基于层次分析法（Analytic Hierarchy Process，AHP法）确定绩效考核指标权重。

最后，根据SZ酒店绩效考核及绩效奖金分配的现状，设计了SZ酒店的部门绩效考核奖金和一线员工绩效考核奖金的分配考核量表，建立了考核结果应用模型，并提出了与之相关的一线员工绩效考核体系保障措施。

以绩效考核为管理导向，将使一线员工的工作热情、积极性及创造性得到有效的增强，从而不断提升酒店的管理水平及能力，提高酒店竞争力，实现酒店战略目标。

目　录

第 1 章

绪　论

1.1 研究背景与研究意义

1.1.1 研究背景

从2007年至2017年，我国旅游业的增长速度一直保持在8%以上，特别是2008年北京奥运会及2010年上海世博会的成功举办，使我国酒店行业成为投资者新的投资热点[1]。伴随着我国酒店行业的欣欣向荣、蓬勃发展，酒店业界的管理者们对酒店员工，特别是酒店一线员工的绩效考核也更加重视，要求也越来越高。而在企业的绩效考核方面，学者也比较一致地认为绩效考核是量化效率、提高企业效益的过程[2]，也即认为员工在某一时期的工作表现可以具体地衡量和评价。基于此，本书以SZ酒店作为研究对象，针对该酒店的一线员工绩效考核指标体系优化进行分析研究，以期为酒店行业建立科学合理的绩效考核指标体系做出一些有益的探索。

1.1.2 研究意义

绩效管理是完善酒店经营管理机制、规范员工管理的根本。注重一线员工绩效考核，注重酒店经营战略与员工个人发展目标相结合，既有利于客观体现酒店的人力资源管理状况及其存在的问题，也能够使一线员工的工作热情、积极性及创造性得到有效的增强，有利于挖掘员工工作潜力和提高星级酒店的绩效，有利于酒店管理模式的改革和创新，从而不断提升酒店的管理水平及能力，进一步提升酒店的效益。

本书选择 SZ 酒店作为研究对象，并使用粗糙集理论的约简方法及层次分析法，对 SZ 酒店一线员工绩效考核指标体系优化展开研究，其现实意义主要体现在以下四个方面。

（1）有利于客观反映 SZ 酒店的服务品质

SZ 酒店是一家为高端人群提供全方位服务的五星级商

务会议酒店。其宗旨是满足高端商务人士、旅游与休闲客户的需求，并为顾客提供优质、全方位的个性化服务。对一线员工进行绩效考核管理，通过分析一线员工的服务水平和能力，及其在服务过程中存在的问题，能够比较客观地反映SZ酒店的服务品质，并为同类五星级商务酒店提供必要的借鉴。

（2）有利于提升SZ酒店一线员工的工作潜力

企业的发展需要全体员工发扬主人翁精神，不断地提高每个人的工作热情和积极性，以责任担当促进企业与个人共同发展。所以，要有效地将SZ酒店一线员工的绩效考核与激励结合起来，建立一个全面准确的绩效考核指标体系，根据绩效考核的结果，形成激励机制，对满足标准的一线员工进行相应的激励，包括晋升、培训、薪酬激励及精神表扬等，以充分激发员工的工作热情和潜力。

（3）有利于提升SZ酒店的管理水平

结合酒店的战略目标和发展规划开展绩效管理，能够进一步拓宽SZ酒店的管理发展思路，在管理过程中不断丰富管理方法，进一步提升SZ酒店管理水平。同时，科学合理的绩效考核体系的建立，也有利于SZ酒店管理更加科学规范，进一步提升服务品质，提高酒店的整体绩效。

（4）有利于协调管理者与员工的关系

SZ酒店的绩效目标管理与考核制度有一定的基础，但是，要使管理更加有效，保持不断的沟通是关键。通过沟通，能够让管理者及时了解酒店现状及其所需的关键信息，及时有效地掌握员工的工作状态，并及时进行自我调整，从而不断地协调双方的关系，保持良好的团队氛围。

1.2 国内外研究现状

在社会经济发展过程中，酒店业一直被认为是第三产业中服务行业的代表，而五星级则代表了酒店业的最高水平，同时它也是衡量一个城市或地区经济发展水平的一项重要指标。五星级是指酒店各项指标的综合水平，包括酒店的建筑、各项设施与设备、各项功能及其管理与服务水平等，都是酒店星级划分的依据。我国具体的评定办法按照文化和旅游部颁发的设施设备评定标准、设施设备维修保养评定标准、清洁卫生评定标准、顾客意见评定标准等执行。

酒店属于劳动密集型和服务型行业，所以其能为社会提供较多的岗位，在解决社会就业上起到了很重要的作用。由于其本身的特点，酒店也属于耗能型企业。

同时，酒店是接待外地游客的重要设施，特别是高档酒店的整体服务水平和经营管理能力，往往也体现了该城市或地区整体的服务水平。

所以，酒店业的发展，特别是五星级酒店的发展，一直受到社会各界包括政府、社会、行业以及投资者和消费者的普遍关注。

随着社会经济的发展和人民生活水平的提高，酒店业的竞争也日益激烈，酒店管理者对员工的要求越来越高，从以往比较笼统的管理要求，发展到对管理目标更为明确的绩效考核等。而对于绩效考核的含义方面，学者们普遍认为，绩效考核是对效率高低和效益多少进行科学合理的判断的过程，其意义在于对员工或部门在某一时段的工作表现的衡量和评价。

在企业绩效管理过程中，绩效考核只是其中一个环节，根据企业的绩效目标与工作任务，采用科学的考核方法评价工作任务的完成程度和履行职责的程度，并考虑到员工的发展，最后将评估结果反馈给员工[3]。

1.2.1 国外研究现状

现代意义上的绩效考核相关研究最早是从西方国家开始的[4]。19 世纪初美国军方内部开始出现绩效考核，19 世纪 40 年代美国政府开始对政府公务员开展绩效考核[5]，而直到 20 世纪 80 年代，绩效考核才开始得到普遍运用。总的来说，对于绩效考核指标，西方国家遵循的标准基本包含了确定性、客观性、非污染性、可能性、排他性及可验证性等六个方面的原则[6]。

20 世纪 80 年代，国外学者开始进行框架模型研究。Sink 等人提出了绩效考核计划阶段的程序框架[7]，Kelvin Cross 与 Richard Lynch 提出了企业战略、财务与非财务结合的业绩金字塔模型[8]，Yenjyurt 则提出了五级绩效评价标准等。

到 20 世纪 90 年代初，西方工商企业开始在企业的生产管理中开展了全面质量管理，逐渐更新并发展了绩效考核的目标和方法，具体可以概括为关键绩效指标考核（KPI）、平衡计分卡（BSC）及 360 度绩效考核法等。由于西方国家的学者进行研究比较早，所以，他们不仅在绩效考核理论体系方面比较系统和完善，也在实际应用方面取得了一定的成果。

Herman Aguinis 在《绩效管理》一书中明确阐述了一线员工的考核标准，并指出薪酬设计需要充分考虑员工所在团队绩效和个人绩效[9]。美国学者 Coacio 研究表明，人力资源管理的基础是员工绩效考核，需要准确处理好这一问题。其对 92 家企业的绩效考核制度调查研究得出，认为自身考核制度不完善的企业超过半数，还要不断改进[10-11]。Bonner 认为全面系统地考察企业工作，才能使企业的绩效考核实现良好的效果，在合适条件下可进行建模方法研究[12]。Eppler 对绩效评价的基本理论及方法进行分析，并基于绩效评价标准、目标及指标选取等，对绩效考核的定义做了进一步研究[13]。Mohd-Sanus 在其著作中重新梳理和总结了绩效考核标准，将成本、柔性、质量和时间等四个导向归纳为绩效考核的基本属性[14]。Gustavsen 则提出发展性与评价性目的为绩效考核的两个最终目的[15]。

1.2.2 国内研究现状

与国外相比，在绩效考核研究方面，我国的发展历程较短，不管是在理论研究还是在实践方面都略显不足。

自1990年我国新的市场经济体制基本框架初步建立后，企业为提高经济效益，开始重视员工工作业绩，从这时起相关学者才开始了对绩效考核的研究。

张德在研究中指出，对于企业员工工作过程中的每个细节，在考核中都要重视和把握，特别是绩效考核方法及其执行非常重要，不容许有细小差错出现，否则考核结果很可能出现误差，使考核效果受到影响，长期以往将会严重阻碍企业的发展。所以，作为管理层和考核执行部门，对这些潜在的问题，应该采取有效措施予以规避，避免在实际考核中出现[16]。梁米佳认为，当企业越是迅速发展，企业则会更加重视绩效考核，并且结合企业的特点，阐述了企业未能有效实施绩效考核的原因、所带来的具体危害以及该如何有效地在企业中实施绩效考核的具体措施[17]。廖芝淇在研究一线员工绩效考核过程中，对在大陆的台资电子生产企业的一线员工绩效评估方案进行研究。调研结果显示：第一，在企业管理过程中应重视一线员工的需求和工作环境；第二，工作完成效果受员工积极性和工作环境的影响；第三，定期的培训，既能提高一线员工的业务水平和能力，还能保证绩效考核；第四，通过团队绩效奖金及员工个人绩效奖励有助于激发工作热情[18]。朴春风对企业激励提高员工满意度的具体实施步骤进行研究后指出，要形成企业的竞争力需要保证一线员工工作的稳定性[19]。龚建平则认为，我们不能将绩效考核简单地认为是绩效管理，要注重考核管理人员能力培养，绩效考核标准要明确，还要重视考核结果并使之与工作进行有效衔接[20]。邓云在研究中指出，企业管理与企业发展目标一致，企业绩效管理才能成功，要掌握员工动态，准确制定考评方法的依据是员工的业绩[21]。张丽丽等人指出，一线员工绩效考核要简单容易操作，考核结果要与其利益相联系[22]。

我国学者对于一线员工绩效考核的研究已有了一定的理论基础和应用，但是针对企业管理过程一线员工绩效考核指标方面的研究尚有不足，特别是针对具体企业的绩效考核指标及其应用方面的研究较少，还有待进一步深入。

1.3 研究内容与研究方法

1.3.1 研究内容

本书针对 SZ 酒店一线员工绩效考核指标体系优化进行研究，并基于粗糙集理论与层次分析法建立了 SZ 酒店一线员工绩效考核指标体系。

本书首先对研究背景及其意义、研究内容进行阐述，根据研究内容提出了相应的研究方法，界定了相关概念及其理论基础；阐述了酒店一线员工和绩效考核的概念以及绩效考核指标设计的要求及标准；分析了目前酒店绩效管理过程绩效考核的现状及特点，指出绩效考核的积极作用和存在的问题，并对一线员工绩效考核中的考核指标问题进行重点分析；针对考核指标设置的科学性和客观性，提出新方法。

在此基础上，本书全面分析了 SZ 酒店的组织结构和人员结构，并对酒店一线员工绩效考核现状进行分析，根据分析结果及问题，提出了 SZ 酒店一线员工绩效考核指标存在的问题，特别是绩效考核指标设计、选择和权重确定等方面的问题。由此提出了 SZ 酒店一线员工绩效考核指标体系优化设计的原则及思路，确定了 SZ 酒店一线员工绩效考核指标的内容，并创新性地重点提出基于粗糙集理论与层次分析法的 SZ 酒店一线员工绩效考核指标优化方法，具体步骤如下。

第一步，基于文献资料和广泛的调研，初步建立绩效考核指标。

第二步，通过粗糙集对初步建立的绩效考核指标进行约简，从而确立优化后的指标体系。

第三步，通过层次分析法并基于 MATLAB 运算平台，确定 SZ 酒店一线员工绩效考核指标权重，使运算过程简便科学、结果准确。

第四步，确立 SZ 酒店一线员工绩效考核指标体系、考核量表设计与结果应用。

第五步，基于所研究的一线员工绩效考核指标优化体系在SZ酒店的实施，提出相应的保障措施。要顺利地实施该体系，需要做好以下几个方面：第一，明确酒店战略目标；第二，树立科学的绩效考核管理观；第三，加强绩效考核管理的宣传与培训；第四，建立制度化的绩效考核管理体系；第五，建立酒店绩效文化。

1.3.2 研究方法及技术路线

（1）研究方法

在研究过程中所采取的研究方法，包括访谈法、文献研究法及实地调查法。

访谈法，即访问双方直接进行交谈，并据此来了解被访者情况、获得信息的研究方法。通过访谈法可以简单直接地了解第一手资料，因此深受调查者青睐。

文献研究法，即在研究及撰写的初始阶段，查阅和收集与研究相关的文献资料的研究方法。通过在研究初期收集分析一线员工绩效考核基本理论和国内外最新成果，根据已有的研究成果，应用于研究对象，为本研究提供可靠的理论基础，并根据研究对象的实际情况，提出研究对象的绩效考核指标体系优化方案。

实地调查研究法，即通过对研究对象的访问、调研，获取所需的数据和资料，并对现行一线员工服务绩效指标体系及绩效考核现状进行分析，以便提出相应的优化措施的研究方法。

（2）技术路线

本书制定的技术路线，如图 1-1 所示。

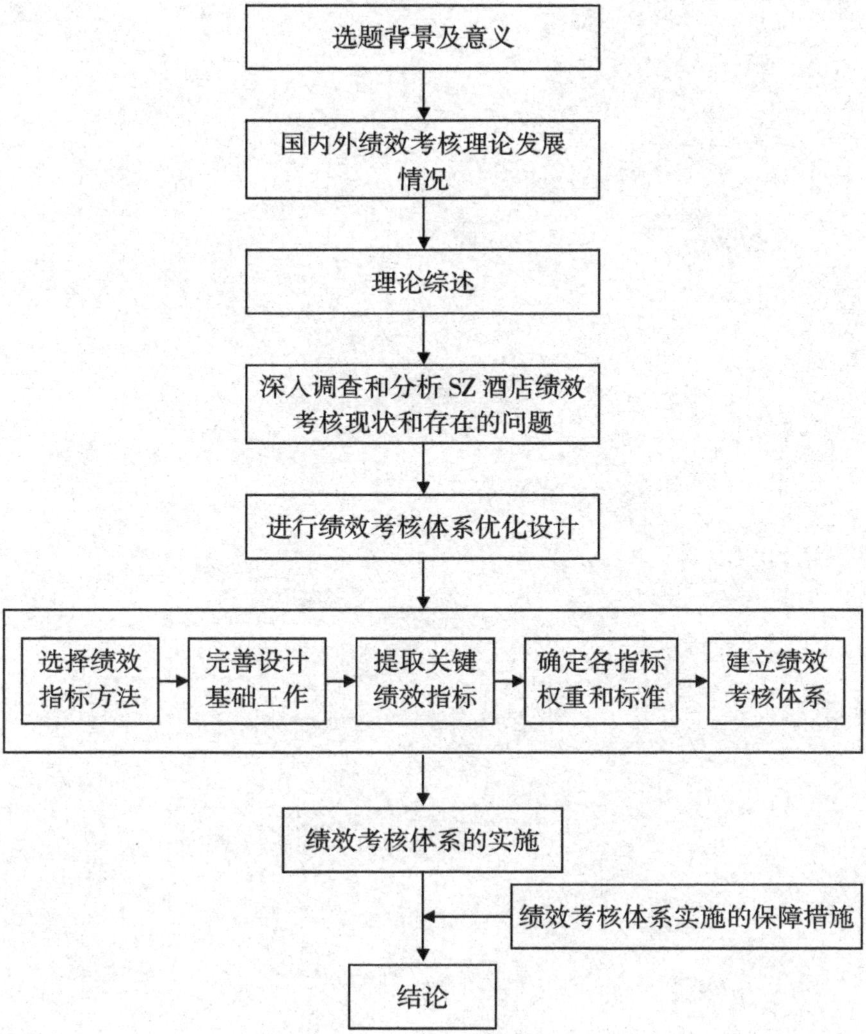
选题背景及意义
国内外绩效考核理论发展情况
理论综述
深入调查和分析 SZ 酒店绩效考核现状和存在的问题
进行绩效考核体系优化设计
选择绩效指标方法
完善设计基础工作
提取关键绩效指标
确定各指标权重和标准
建立绩效考核体系
绩效考核体系的实施
绩效考核体系实施的保障措施
结论

图 1-1　技术路线

第 2 章

相关概念及理论基础

2.1　一线员工概述

在企业中，一般可以按决策层、管理层和执行层来对企业员工进行划分。一线员工一般是指在某一部门下直接工作并产生效益的基层员工。

对于酒店来说，根据业务的要求，设置的部门也不尽相同，通常设立有前厅、客房、餐饮、康体、销售、工程、安保和采购等部门，其相应的一线员工岗位如表 2-1 所示。

表 2-1　酒店通常设立的部门及一线员工岗位

部门	一线员工岗位
前厅部	前台收银、客房预订、商务中心、礼宾、总机、大堂
客房部	客房服务、保洁、绿植员、客房服务中心、洗衣房

续表

部门	一线员工岗位
康体部	服务员
餐饮部	服务员、传菜员、西餐、中餐、大堂吧
工程部	维修工
安保部	保安员、监控中心
销售部	销售员
采购部	采购员

2.2　绩效考核概述

绩效管理是企业人力资源管理体系中极为关键的一环，它具体关系到企业战略目标的实现。企业赏罚有据的做法就是科学运用绩效管理的方法和流程来组织，为企业薪酬管理和其他人力资源管理活动提供决策依据。绩效管理直接决定和影响着企业战略竞争优势的形成。

2.2.1　绩效的概念

有关绩效的概念比较广泛，目前还没有公认统一的定义。由于绩效是人们在管理活动中最常用的概念之一，所以一般可以从工作行为和工作结果两个角度来理解。基于工作行为角度，可定义为两类：一是员工工作与组织目标相关的、可观测的事；二是绩效是可被评价的行为，无论是对个人还是组织，其行为都会产生积极作用或消极影响。基于工作结果角度，可定义为：绩效是在某一时段内的工作产出结果。

综上所述，绩效就是指员工在一定环境和条件下的工作行为和工作成果，反映员工的绩效程度，以及员工能力与工作要求的匹配程度。

在企业的不同层级，绩效都可以比较具体地表现出来。比如，股东和潜在的投资者会密切关注一个企业的回报表现，而政府关心的是企业所能提供的工作岗位数量，员工则对工作的稳定性、发展前景及薪酬水平更为关心。

所以说，绩效不仅仅是工作完成的结果，从员工角度来看，绩效也是工作完成后的评价[23]。

2.2.2 绩效考核方式

绩效考核是一种手段，而不是目的。通过绩效考核，不仅可以提升企业管理能力及员工工作能力，而且能使人力资源的效用实现最大化。绩效考核主要涉及组织的战略发展目标、评价指标体系与标准、评价方法与内容等。

在开展绩效考核时，需要对目标进行阶段性分解，落实到部门及个人，做到任务有分解、有落实，并对任务进行跟踪、记录，将每位员工的工作现状、行为以及结果等情况，转化为具体的评价，落实每一项考核的内容。

根据考核的侧重点不同，绩效考核方式一般可以分为基于员工工作结果的考核方式、基于员工行为的考核方式以及基于员工特征的考核方式这三类。员工特征是员工行为的一部分，通过员工的行为可以了解员工是否在努力完成他们的工作任务，而员工的工作结果则可以用来确认员工行为与组织目标之间的关系[24]。

2.2.3　绩效考核指标设计

绩效考核的关键在于，通过绩效考核指标及绩效考核指向的标准化，明确绩效考核指标的含义，使被考核者能够理解和执行。

绩效考核指标是指通过明确绩效考核目标，对承担企业任务的各级管理者及员工完成指定任务的业绩与价值创造效果的判断过程。

设计绩效考核指标时，应着重注意以下几个原则。

（1）科学性原则

在设计绩效考核指标时要注重科学性，既要采用科学的方法，又要考虑组织的实际情况，这也体现了理论与实际相结合的原则。

科学的绩效考核理论是进行考核指标设计的指导，能够使我们设计的指标更加全面合理，结构更加严谨，更有针对性。不管是采用定量还是定性的方法，也不管是描述性分析还是建立模型，科学的理论指导和实际相结合才能更真实地反映客观情况。

（2）优化性原则

在设计绩效考核指标时，既要体现指标各自的独立性，也要反映指标之间的相互联系、相互制约，还要注重指标所衡量的内涵，同时指标之间要避免出现重复或冗余，以体现指标的系统性和整体性。

考核指标体系设计要体现总体功能最优，其优化性原则主要反映在指标的数量和结构上，不仅要避免指标体系在设计上过于庞杂，而且也要避免出现选择的因素单一。

（3）目标导向原则

绩效考核既是对员工工作效果的评价，也是对员工工作的控制，绩效考核指标能明确地告诉员工，哪些应该做或哪些不应该做，借以约束和规范员工日常行为，员工为完成绩效考核指标，既互相竞争，又相互合作，其目标是把全体员工凝聚在一个共同的目标和方向上。绩效考核和评价的目的是鼓励和激发员工的工作积极性、能动性和创新性，让他们在实现组织目标的同时实现自身的需求，而不是单纯地通过考核评出员工的名次及优劣的程度。

（4）实用性原则

绩效考核指标的设计不仅要体现指标体系的科学性和可操作性，还要体现其实用性。

首先，考核指标设计要遵守适度性原则，不要过于烦琐，尽量简化，在指标体系中去掉重复或冗余的指标，但是也要保证结果的全面性和客观性。

其次，考核指标设计所需收集的各种数据要容易获取和采集，否则工作量会太大。收集数据的渠道要有保证，而且信息来源必须可靠，特别是数据的准确性要严格控制，从而保证评价结果的质量。

最后，在考核过程中，要注意考核评价的整体操作规范性。考核指标之间的重要性要有所区别，指标应用时要注重科学性，所得的各项数据都要标准化、规范化。

（5）区别性原则

考核指标设计时要体现出区别性，即指标之间要有差异性，评价结果要有可比性。

首先是指标之间的差异性。由于各个指标的目标指向不一样，其内容与内涵各自反映了不同的要求，因此评价目标之间要体现出相应的差异性。

其次是考核结果的可比性。对于同一个部门或同一员工而言，由于对其评价的时期不一样，所以评价指标要求保持稳定，这样考核结果才能体现出纵向可比性；对不同部门或员工进行比较时，要找出其共同点，据此设计评价考核指标体系，根据其重要性计算权重，得出可比的考核指标；对于相同性质的部门或员工来说，其考核结果则要体现出横向可比性。

2.3 理论基础

2.3.1 绩效考核方法应用

绩效考核是指组织负责考核的部门根据所设定的工作计划和目标以及所制定的绩效标准要求，采用科学的考核方式，对所要考核的部门或员工的工作目标或任务完成程度及员工发展情况进行评价，将得出的评价结果反馈给部门或员工的过程[25]。

绩效考核是企业绩效管理过程中的一个环节，常用的有KPI、BSC、360度绩效考核法等[26]。针对高层管理者、经理人等，在一些主流商业管理课程，均将绩效考核方法的设计与实现作为一项重要的人力资源管理能力要求，同时，它也是人力资源部门工作的一项核心内容。

绩效考核采用科学的定量或定性分析的方法，对企业中各个部门或员工所承担的工作完成情况或目标实现程度，及其完成效果进行考核评价。它不仅是企业人力资源管理中人事工作的一项重要内容，更是企业进行绩效管理的一种有效手段；它既是提高部门或员工效率的一项重要方法，也是实现企业战略目标和发展规划的一种有效手段。

2.3.2　粗糙集理论与约简

粗糙集理论是波兰数学家 Z.Pawlak 于 1982 年提出的，是一种用于处理不精确、不确定和不完全数据的数学分析工具 [27]。相比于概率与统计、模糊集等理论或方法，粗糙集理论的优越性在于能够更有效地对不确定性、含糊性问题做出处理。

随着研究工作的不断深入，粗糙集理论在知识发现、决策支持、模式识别、归纳推理、机器学习、专家系统等领域得到了广泛的应用。

在运用粗糙集理论对知识库中的知识进行分析时，可能会出现冗余的现象，这时就必须进行约简。在知识库中，当冗余或不重要的知识被删除时，知识库的分类能力保持不变，这就是知识约简[28]。

2.3.3 层次分析法

层次分析法是由美国著名运筹学家T.L.Saaty提出的，这种多目标决策分析方法是一种定性和定量相结合的分析方法[29-30]，特别是当目标因素缺乏必要的数据、结构复杂时，可以有效地量化决策者的经验判断。在应用过程中，它的基本原理是根据具有递阶结构的目标、子目标及约束条件等来评判方案，通过两两比较的方法建立判断矩阵，接着把最大特征值及其所对应的特征向量的分量作为相应的系数，最后综合给出各方案的权重或优先度[31]。由于该方法能够使评价者对照一个相对重要性函数表给出因素中两两比较的重要性等级，因而可靠性高、误差小。当要分析的问题属于多因素或较大规模时，该方法容易出现判断矩阵难以达到一致性要求，这是其不足之处[32]。层次分析法作为一种定性和定量相结合的工具，得到了广泛的应用。李力等提出了一种新的三角模糊数排序的模糊层次分析，并与现在的可能指标进行比较，通过算例验证了选择方法的建立[33]。

第 3 章

SZ酒店一线员工绩效考核现状及存在问题

3.1　SZ 酒店概况

SZ 酒店坐落于半山及湖泊之间，是一家以山水湖泊与半山建设为主题，集商务、休闲、娱乐和度假于一体的生态园林式国际酒店。酒店的建筑风格及设施设计舒适典雅，加之周到热情的服务，为商务精英和休闲度假者提供了绝佳的入住体验及全方位的人文关怀。

3.1.1　酒店简介

SZ 酒店是一家按照国际超五星级标准精心打造的豪华园林式商务度假酒店，是 SZ 半山酒店品牌的旗舰店，位于广东省东莞市塘厦镇中心，至深圳市中心和深圳机场只需 30

分钟车程。

酒店占地面积21万平方米，建筑面积10万平方米，绿化率达到80%，环拥万亩城市生态保护林与40万平方米天然水库。500余间客房及套房位于青山绿水之间，湖光山色尽收眼底。拥有总面积约7000平方米的国际会议中心，可满足各类会议、宴会需求。拥有中、西、日式餐厅，格调高雅，为客人提供各类创意美食。酒店康体中心拥有多项顶尖水疗项目，球类、健身、棋牌、自行车、野战俱乐部等项目门类齐全；1.15万平方米露天泳池及水上活动中心涵盖冲浪、滑道、滑水、摩托艇、赛艇、沙滩等多种配套设施。

酒店先后获得“中国饭店金星奖”“中国十大最具魅力酒店”“中国最佳设计精品酒店”“亚洲十大创新品牌酒店”“亚洲酒店业最佳特色品牌酒店”等一系列荣誉，是宾客旅游、度假、商务、会议的首选。

3.1.2 酒店组织结构

SZ酒店的组织结构清晰，从上而下大致可分为四层：第一层为总经理，第二层为执行总经理及助理总经理，第三层为各部门经理，第四层为各部门一线员工。其中，财务部由总经理直接管理，执行总经理负责房务部、行政办公室、人力资源部、餐饮部、康体部、工程部、保安部和后勤部，助理总经理负责娱乐部、市场营销部、宾客服务部和园林部。SZ 酒店组织结构，具体如图 3-1 所示。

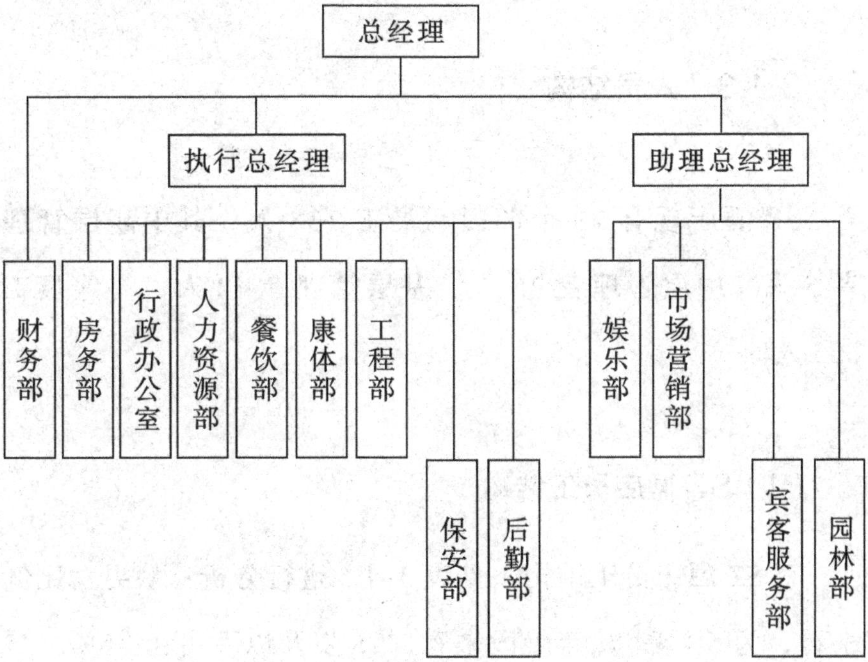

图 3-1　SZ 酒店组织结构

SZ 酒店人力资源部负责整个酒店的人员招聘及人事管理等工作，根据酒店业务及发展情况，预测人员需要，并按各部门的人员需求情况开展招聘工作，在人力资源管理过程中，负责及协助各部门人员的薪资发放、人员绩效考核与晋升管理等工作。

3.1.3 人员结构

SZ 酒店现有 13 个部门、员工 738 人，其中高层管理者 5 人、中层管理者 25 人、基层管理者 43 人、一线员工 665 人。

（1）SZ 酒店员工结构

对 SZ 酒店员工结构（见表 3-1）进行分析：从男女比例来看，为 6∶4；从年龄段来看，25 岁及以下占比 35%，25 岁以上、45 岁以下占比 41%。说明酒店员工结构中男女比例、各年龄段员工比例合理。

表 3-1　SZ 酒店员工结构

人员结构分类	人数	所占比率
（1）性别		
女性	292	40%
男性	446	60%
（2）年龄		
25 岁及以下	259	35%
26～35 岁	168	23%
36～45 岁	131	18%
46～55 岁	159	21%
55 岁以上	21	3%
合计	738	100%

下面，从年龄结构与文化程度两方面，对酒店 13 个部门的员工情况进行简单分析。

（2）SZ 酒店各部门员工年龄结构

SZ 酒店各部门员工年龄结构，如表 3-2 所示。

表 3-2 各部门员工年龄结构

年龄	行政办公室	市场营销部	宾客服务部	房务部	财务部	餐饮部	园林部	康体部	保安部	人力资源部	娱乐部	工程部	后勤部	合计	百分比
20 岁以下	0	1	0	15	3	49	0	6	1	1	7	1	0	84	11%
21～25 岁	2	8	2	24	13	89	0	17	1	2	11	6	0	175	24%
26～30 岁	0	8	4	7	3	26	0	8	9	1	9	3	0	78	11%
31～35 岁	1	6	3	9	7	21	0	18	7	4	6	6	2	90	12%
36～40 岁	0	0	0	12	4	16	1	6	15	1	9	4	2	70	9%
41～45 岁	1	1	0	10	2	15	0	2	15	0	2	10	3	61	8%
46～50 岁	1	0	0	17	4	22	1	2	2	0	2	11	18	80	11%
51 岁以上	1	0	0	32	3	22	20	0	0	0	2	7	13	100	14%

从表 3-2 中可以看出，21～25 岁这一年龄段的人数占 24%，其他各个年龄段各占 10% 左右，说明 SZ 酒店员工年龄结构均衡合理。

（3）SZ 酒店员工文化程度

SZ 酒店员工学历主要集中在中专至大专层次，占比达 90%，其中中专及以下 563 人，占比 76%，说明酒店员工的学历层次偏低，如表 3-3 所示。

表 3-3　SZ 酒店员工文化程度

学历	行政办公室	市场营销部	宾客服务部	房务部	财务部	餐饮部	园林部	康体部	保安部	人力资源部	娱乐部	工程部	后勤部	合计	百分比
中专及以下	0	3	6	102	17	189	21	51	49	0	46	43	36	563	76%
大专	3	11	3	10	13	47	1	6	1	3	2	4	2	106	14%

续表

学历	行政办公室	市场营销部	宾客服务部	房务部	财务部	餐饮部	园林部	康体部	保安部	人力资源部	娱乐部	工程部	后勤部	合计	百分比
本科	1	10	0	14	9	24	0	2	0	6	0	1	0	67	9%
硕士及以上	2	0	0	0	0	0	0	0	0	0	0	0	0	2	1%

3.2　SZ 酒店一线员工绩效考核现状

一线员工绩效考核作为 SZ 酒店绩效管理的一个组成部分，也是员工薪酬激励的一个重要依据，既要遵循公开、公平、公正的原则，也要体现奖励与处罚相结合，奖励重于处罚的原则。

绩效考核是绩效管理的核心，酒店也不例外。绩效考核是否有效，不仅对被考核者的利益有直接影响，而且对酒店的效益也有影响。虽然我国的许多酒店目前都开始实行绩效管理，但是绩效管理特别是员工绩效考核的许多措施还有待完善。

自 2012 年起，SZ 酒店在绩效管理的基础上开始开展一线员工绩效考核，采用了较为具体的一线员工绩效考核办法。酒店主要以此对一线员工进行激励，进而激发一线员工的工作主动性和积极性，提高一线员工的工作热情，以持续增加酒店的效益及实现酒店的发展目标。经过长时间的探索、改进和完善，已经逐渐建立起一定的绩效考核指标模式，初步形成一套比较完整的一线员工绩效考核流程。

SZ 酒店各个部门的绩效考核指标是由人力资源管理部统一制定，由高层管理者确认后实施。当然，在制定具体的目标和计划的过程中，也会听取酒店各层级员工的意见。

对于酒店一线员工的绩效考核培训和指导工作，主要由基层管理者负责，一方面以发放绩效考核材料的方式，另一方面则以召开员工绩效考核会议的方式进行，使一线员工能够充分了解考核的文件及指标等具体内容。

具体负责及执行绩效考核工作的主要是酒店各个部门经理，其工作内容包括召集部门员工进行具体的绩效考核，并根据考核结果制定相应的奖金分配方案等。

在一线员工绩效考核过程中，SZ 酒店力求打造一个全面的考核指标体系，指标体现通过德、勤、能、绩等各方面的因素来考察，而更为重视部门任务的完成情况。具体的考核数据由基层管理人员提供，汇总后以电子表格等形式向人力资源部门上传，最后由酒店高层管理人员根据汇总结果，负责分析绩效考核的具体效果。

针对 SZ 酒店一线员工绩效考核指标体系，我们在调查中发现，其绩效考核指标过于着重于财务指标，指标的制定过程不够科学、合理，而且只有餐饮部、客房部和销售部这三个部门有比较详细的绩效考核指标，其他各部门则除了考勤类指标和上级的主观评价外，没有具体的绩效考核指标。

3.3 SZ 酒店一线员工绩效考核指标体系存在的问题

3.3.1 绩效考核目标定位模糊

SZ 酒店绩效考核目标定位不够准确，主要体现在其绩效考核工作仅是为了考核而考核，通常只是在年底为了资金的发放或是工资调整时才进行绩效考核，这样在具体操作上就容易产生以下一些问题。

第一，一线员工对自己应该完成的绩效指标认识不到位、不清晰。究其原因，主要是现行的一线员工绩效考核指标比较模糊，甚至某些考核指标的完成与企业效益关系不大。

第二，考核的针对性不强，几乎是用统一的考核指标，去考核酒店里所有的员工及中层管理人员。一线员工和中层管理者的工作层次、内容和性质都不一样，如果按照同一指标进行评价，势必难以得出公平的结果。

第三，在选用绩效考核指标时比较主观，定量考核指标比较少，定性考核指标比较多。此外，还存在个别考核指标的数据没有明确的来源，以及不合理的绩效系数量化现象，而且没有将考核指标做到个体的细化，使得具体考核流程不易执行。

3.3.2　绩效考核指标制定不科学

虽然 SZ 酒店开展绩效考核是为了更好地对员工的工作效果进行考核评定，但是在制定绩效考核指标过程中，并没有开展充分的调查，了解所有员工的工作情况。现有的考核指标最大的特点是主观性强、制定方法不科学，结果使得指标存在诸多不合理之处，设置的考核指标与现实情况之间存在较大的偏差。

而在开展绩效考核时，采取的程序和方法也不太严谨，对于一线员工的岗位重要性不够重视，考核者往往将其视为一项例行的工作，认为简单地填写几个表格就完成了任务。

而管理层对此也认识不深，担心影响常规工作，因此不愿意投入过多的时间和精力。

3.3.3 绩效考核激励机制不足

任何组织的任何员工的绩效评定都与组织的激励管理机制有着密切的关联，SZ 酒店也不例外，其一线员工的绩效评定是否真实有效，往往与酒店的激励管理制度有着必然的联系。然而，由于 SZ 酒店的人力资源管理部门对酒店一线员工的重要性认识不够，在对一线员工进行绩效考核过程中，忽视了激励管理机制在绩效考核评定中的积极作用，其常见的做法是为了考核而考核，单纯想完成上级下达的任务，最终只能使得一线员工的绩效考评体系流于形式。这对于一线员工个人而言，不仅是不负责任的表现，更重要的是无法真正测评出绩效优异者，使得优秀员工产生不公平心理，长久以往，会使得这些绩效优秀的员工产生怠工行为。而对于 SZ 酒店而言，为了应付年度考评，其人力资源管理部门所出具的员工检查表大多是临时编造的，公司投入了大量资源，却得不到相应的经济效益，甚至对酒店的未来发展产生消极作用。

3.3.4　绩效考核保障制度缺乏

SZ 酒店缺乏完善的绩效考核保障制度。

首先，酒店管理者对一线员工开展绩效考核前以及实施考核时，一线员工的参与度都比较低，多是“一言堂”，几名管理人员经过商谈后，就确定了相关的绩效管理方法，甚至绩效考核指标的制定也没有充分征求各级员工的意见，不管是绩效考核的前期工作还是绩效考核过程都没有让一线员工参与进来，有时甚至在绩效考核得出结果后也没有让员工进行及时的反馈或申述。不仅不能调动一线员工的参与感及责任感，而且大大降低了员工对绩效考核结果的信服度。

其次，考核的结果没有应用到酒店管理的其他方面，因此酒店绩效考核工作很难达到提高一线员工工作效率的效果。要想不断深化绩效考核制度，使绩效考核的效果达到最大化，就需要将有效的管理制度和正确的激励方式与绩效考核相衔接。

3.4 SZ 酒店一线员工绩效考核指标体系优化的必要性

人力资源管理的核心是绩效管理。绩效考核是绩效管理的重要组成部分，它是通过对考核指标的评价来体现的。

绩效考核指标是对于绩效考核内容及要求的规范化、标准化，是对一线员工所负责的工作过程和结果最为直接、明确的判断。通过对现行的 SZ 酒店一线员工绩效考核指标体系及其存在问题的研究，可以从以下几个方面说明其指标体系优化的必要性。

3.4.1　是提高绩效考核指标体系系统性的需要

绩效考核的效果既取决于考核过程，也取决于绩效考核相关环节的作用，更需要科学的考核指标。绩效考核指标体系要具有系统性，其考核的结果才能更加合理、有效。

SZ 酒店绩效考核指标设置系统性不足，主要体现在：酒店的绩效考核指标制定时没有进行充分调研，不能充分反映酒店的发展目标，没有利用科学方法选择指标，量化标准不明确，定量定性指标分配方式单一，指标设置不规范等。所以，迫切需要对 SZ 酒店一线员工绩效考核指标体系进行优化。

3.4.2　是提高一线员工工作效率的需要

由于原有的一线员工绩效考核指标体系存在不足，不能完全反映一线员工的工作真实情况，考核结果出来后反而会影响一线员工的工作热情，打击员工的积极性，所以希望通过对 SZ 酒店一线员工绩效考核指标体系进行优化，从而使一线员工绩效考核指标体系能够反映一线员工工作实际，体现其工作效果，以达到鼓励的目的，提高一线员工的工作积极性和工作效率。

3.4.3 是提高管理水平的需要

伴随着SZ酒店的扩张和发展，酒店的管理队伍在不断壮大，管理难度也随之增长，对于建立一套科学的绩效考核指标体系的需求也越来越迫切。

由于SZ酒店各管理层的管理水平、能力参差不齐，存在着部分管理者的管理思想、管理方法或管理能力不足的情况，而原有的绩效考核指标体系不完整、不清晰，使其在开展绩效考核时无法准确把握，从而导致考核缺乏科学性、公平性等现象的出现，所以需要对一线员工绩效考核指标体系进行优化，使管理者在开展考核时能够更好地把握考核标准，从而使得考核工作更加有效，推动SZ酒店管理水平提高。

3.4.4　是达成酒店发展目标的需要

酒店的绩效考核指标体系包括部门绩效和一线员工绩效两个层面。由于 SZ 酒店原来制定的绩效考核指标与酒店发展目标没有完全匹配，不能完全反映酒店的发展目标，所以对酒店的绩效考核指标体系进行优化，将酒店的发展目标层层分解到部门和一线员工执行层面，使其与酒店的发展目标一致，这样才能使酒店的发展目标顺利达成。

利用优化后的一线员工绩效考核指标体系进行绩效考核，若一线员工的绩效有效完成，则能够助力其所在部门绩效的完成，也就最终达成了酒店的发展目标。

第 4 章

SZ酒店一线员工绩效考核指标体系优化设计

4.1　一线员工绩效考核指标体系优化原则及要求

4.1.1　一线员工绩效考核指标体系优化原则

绩效考核是一项比较严谨的工作，科学合理的指标体系要符合以下几个原则。

（1）简洁性原则

绩效考核标准体系既要求指标的科学性、合理性，也要求指标的简洁性。如果只是将绩效考核影响指标简单地罗列在考核标准体系中，就会不利于发挥重要指标的作用，甚至会出现指标的冗余或重复等，从而降低指标的合理性和准确性，因此，绩效考核指标要求具有简洁性。

（2）明确性原则

酒店一线员工绩效考核要切中目标，考核指标要规范化，同时要求指标明确，让员工容易理解其含义，不至于产生歧义或难以理解等。员工能清晰地理解绩效考核的具体内容，将有助于考核制度的实施。

（3）完整性原则

由于酒店一线员工绩效考核涉及的因素比较多，因此，绩效考核指标体系要尽可能地完备。一线员工绩效考核指标要做到重要因素不重复也不遗漏，综合全面地对一线员工进行考核，保证绩效考核结果合理、公平和客观，为提高员工工作热情和工作积极性发挥有效作用。

（4）定量与定性结合原则

由于酒店一线员工绩效考核的影响因素多种多样，因此，在指标的确定过程中，难以单纯地用定量或定性指标进行描述。所以，构建酒店一线员工绩效考核体系，需要以定性和定量相结合的方法建立其绩效考核指标体系[34-35]。

4.1.2　一线员工绩效考核指标体系优化要求

（1）绩效考核方案要重点突出一线员工的工作成效

绩效考核指标体系要充分体现一线员工的工作态度、能力、成果及影响等，因此要求绩效考核方案既要设计合理，又要适度细化，建立起全面、合理、明确的一线员工绩效考核指标体系，并使一线员工能清晰、有效地理解绩效考核指标的具体内容与内涵。

（2）员工绩效考核指标体系要科学有效

考核指标要尽可能地客观、量化，使绩效指标与员工的实际工作效果之间更具有可比性。同时，还要将员工个人的绩效考核结果与部门的考核结果相互联系，使得部门的团结协作能力不断提高。

（3）绩效考核指标的制定要经过员工讨论，并使得指标既有一定的挑战性，又有可达性

绩效考核过程要做到公平和公正，让全体员工参与并接受监督，考核结果要公开，从而使得绩效考核真正起到激励员工、提高员工工作热情和积极性的作用[36-37]。

4.2 基于粗糙集的 SZ 酒店一线员工绩效考核指标优化体系

4.2.1 粗糙集概述

粗糙集是一种处理不精确、不确定和不完全数据的数学分析工具。其原理可表示为：当 $BN_R(X)=\Phi$ 时，即 $\overline{R}X=\underline{R}X$，则称 X 是 R 的精确集；当 $BN_R(X)\neq\Phi$ 时，即 $\overline{R}X\neq\underline{R}X$，则称 X 是 R 的粗糙集。

（1）粗糙集的特征

对于粗糙集的特征，可以分别通过数字特征和拓扑特征这两个方面来进行描述。

数字特征。给定一个论域 U 和 U 上的等价关系 R，则

由 R 所定义的集合 X 的近似精度为 $\alpha_R(X)=\frac{|\underline{R}X|}{|\overline{R}X|}$，其中 $X \neq \Phi$，$|X|$表示集合 X 的基数，显然有 $0 \leqslant \alpha_R(X) \leqslant 1$。在粗糙集中，由于我们的论域知识有限而产生了精确性，当不断细化知识精度时，精确性也随之增加。

拓扑特征。当确定了边界域结构信息以后，粗糙集一般有四种结构。设 X 是 R 的粗糙集，当 $\underline{R}X \neq \Phi$ 且 $\overline{R}X \neq U$，则称 X 为 R 粗糙可定义的；当 $\underline{R}X=\Phi$ 且 $\overline{R}X \neq U$，则称 X 为 R 内不可定义的；当 $\underline{R}X \neq \Phi$ 且 $\overline{R}X=U$，则称 X 是 R 外不可定义的；当 $\underline{R}X=\Phi$ 且 $\overline{R}X=U$，则称 X 为 R 全部可定义的。

（2）粗糙集的约简与核

约简与核是粗糙集理论的两个重要概念。当知识库中的知识可能存在冗余时，就需要进行约简，这也是进行约简的根本原因。而知识约简的首要条件是保持知识库分类能力不变，删除冗余或无关的知识。要删除冗余或无关知识的一个重要前提是，不改变将对象划分到另一个分类中去的分类能力。

定义一：设 P 和 Q 为论域上的等价关系，Q 的 P 正域记

作 $POS_P(Q)$，则 $POS_P(Q)=\underset{X\in U/Q}{Y}\underline{P}X$ 。

定义二：设 P 和 Q 为论域上的等价关系族，$R\in P$，若有 $POS_{IND(P)}(IND(Q))=POS_{IND(P-\{R\})}(IND(Q))$，则称 R 为 P 中 Q 不必要的，否则称 R 为 P 中 Q 必要的；若 P 中的任一关系 R 都是 Q 必要的，则称 P 为 Q 独立的。

定义三：设 $S\subseteq P$，当且仅当 S 是 P 的 Q 独立子族，且 $POS_S(Q)=POS_P(Q)$，则称 S 为 P 的 Q 约简，P 中所有 Q 必要的原始关系构成的集合称为 P 的 Q 核，记作 $CORE_Q(P)$。

P 的 Q 核等于 P 的所有 Q 约简的交集，即 $CORE_Q(P)=IRED_Q(P)$。

P 的 Q 核是知识 P 的本质部分。P 的 Q 约简是 P 的子集，且是独立的，它具有与知识 P 相同的分类能力。

（3）信息系统与决策表

设 $S=(U, A, V, f)$ 是一个信息系统（知识表达系统），$A=CYD$，$CYD=\Phi$，则 C 称为条件属性集合，D 称为决策属性集，而具有条件属性和决策属性的信息系统就称为决策表[38]。

4.2.2　初步建立绩效考核指标优化体系

由于酒店一线员工是酒店层级“金字塔”中最基层、人数最多，也是最重要的组成部分，是为客户提供优质服务和酒店有效运作的保证，因此我们将 SZ 酒店一线员工工作绩效作为考核对象。也正是由于酒店一线员工的这些工作特点与性质，所以酒店必须要保证他们的绩效考核有效、顺利地进行，以充分调动他们的工作积极性，保证工作质量。

作为负责酒店员工考核工作的人力资源管理部门，为了使一线员工的绩效考核结果更加公平、公正，就必须有一套好的考核指标体系，因此有必要优化建立 SZ 酒店一线员工绩效考核指标。根据酒店实际情况并经过调查访谈，我们在原有的绩效考核指标基础上，初步确定了 SZ 酒店一线员工绩效考核指标，主要包括个人素质、工作态度、工作能力、业绩能力等 4 个方面共 22 项，如表 4-1 所示。初步确定的绩效考核指标比较多，各个指标之间可能存在相近、重复或冗余现象，因此拟运用粗糙集约简方法，希望能将一些相近、重复或冗余的指标进行剔除，从而确定重要的考核指标，建立起经过优化的 SZ 酒店一线员工绩效考核指标体系。

表 4-1　一线员工绩效考核初级指标

	指标分类	绩效指标	
绩效考核指标体系	个人素质	T_1	仪容仪表
		T_2	语言表达
		T_3	热情对待客人
		T_4	与同事关系融洽
		T_5	工作配合与支持满意度
	工作态度	T_6	服从上级
		T_7	员工个人行为修养
		T_8	工作规范
		T_9	非操守类表彰行为
		T_{10}	遵守纪律
		T_{11}	信息准确度
	工作能力	T_{12}	执行力强
		T_{13}	勇于承担责任
		T_{14}	善于沟通

续表

绩效考核指标体系	指标分类	绩效指标	
	工作能力	T_{15}	按规定时间完成工作
		T_{16}	学习能力
	业绩能力	T_{17}	经营业绩
		T_{18}	管理业绩
		T_{19}	月度工作计划完成情况
		T_{20}	安全生产
		T_{21}	团队协作能力
		T_{22}	不良事件

4.2.3　通过粗糙集约简建立绩效考核指标优化体系

表 4-1 是初步得出的 SZ 酒店一线员工绩效考核指标，虽然这些指标比较全面并且涵盖了 SZ 酒店一线员工绩效考核的各个方面，但是也不可避免地存在一些重复或冗余的指标。为了使所得到的指标准确、精简，从而方便评价，现

在进一步让有经验的人员对这些初级指标由重要到不重要程度，按1、2、3、4四个级别对指标进行量化评价，其中“1”代表“非常重要”，“2”代表“重要”，“3”代表“一般”，“4”代表不重要。

(1) 构造决策表

根据对所收集数据的评价，将其依次填入粗糙集约简决策表，即可得出一线员工绩效考核决策表，如表4-2所示。

表4-2 一线员工绩效考核指标决策表

	指标分析																						决策属性
	T_1	T_2	T_3	T_4	T_5	T_6	T_7	T_8	T_9	T_{10}	T_{11}	T_{12}	T_{13}	T_{14}	T_{15}	T_{16}	T_{17}	T_{18}	T_{19}	T_{20}	T_{21}	T_{22}	
P_1	4	2	3	4	4	1	4	2	3	2	1	2	3	3	4	3	2	3	3	4	3	2	3
P_2	3	1	4	2	2	4	1	2	3	4	4	2	1	2	4	2	4	2	4	3	2	4	3
P_3	3	3	2	3	4	1	4	3	3	3	3	4	3	4	3	4	3	2	4	1	3	2	4
P_4	2	4	3	4	2	3	4	2	3	4	4	3	2	3	4	4	3	2	4	3	4	4	4
P_5	3	1	3	2	2	4	1	2	3	4	4	2	1	2	4	2	4	2	4	3	2	4	3
P_6	1	3	2	4	3	2	3	4	2	3	3	4	2	3	1	4	3	4	2	3	4	2	2

续表

	指标分析																						决策属性
	T_1	T_2	T_3	T_4	T_5	T_6	T_7	T_8	T_9	T_{10}	T_{11}	T_{12}	T_{13}	T_{14}	T_{15}	T_{16}	T_{17}	T_{18}	T_{19}	T_{20}	T_{21}	T_{22}	
P_7	4	1	2	4	2	2	4	1	2	3	4	2	3	2	2	3	4	2	3	4	3	1	3
P_8	3	3	2	3	2	2	3	2	3	3	4	1	2	3	2	4	3	2	3	3	4	2	4
P_9	4	1	2	2	2	2	4	1	2	3	4	2	3	2	2	3	4	2	3	4	3	1	3
P_{10}	2	3	2	3	4	3	1	4	3	1	4	3	1	3	2	2	3	2	3	4	2	2	2
P_{11}	3	4	3	4	2	3	4	2	3	4	4	3	2	3	4	4	3	2	4	3	4	4	4
P_{12}	4	3	2	3	4	1	3	3	1	1	4	3	4	2	2	4	2	3	4	2	3	2	2
P_{13}	3	2	3	3	4	2	3	2	3	2	4	2	3	3	2	4	3	4	2	3	3	1	4
P_{14}	4	3	3	4	4	1	4	2	3	2	1	2	3	3	4	3	2	3	3	4	3	2	3
P_{15}	4	3	2	3	4	2	3	3	1	1	4	3	4	2	2	4	2	3	4	2	3	2	2
P_{16}	1	3	2	4	2	2	3	4	2	3	3	4	2	3	1	4	3	4	2	3	4	2	3
P_{17}	2	4	3	3	3	2	3	3	4	2	3	3	3	2	2	3	3	3	4	2	3	4	4
P_{18}	3	3	4	2	2	4	2	4	3	1	4	2	2	4	2	4	4	2	2	3	4	3	2
P_{19}	3	3	4	3	1	3	2	3	2	3	4	2	3	3	1	2	3	3	4	3	2	4	3
P_{20}	2	4	2	2	4	2	3	2	4	2	3	3	4	2	3	3	3	4	3	2	3	3	4
P_{21}	4	2	3	2	4	2	2	3	4	2	3	2	4	2	2	1	4	3	2	2	1	2	2

续表

	指标分析																						决策属性
	T_1	T_2	T_3	T_4	T_5	T_6	T_7	T_8	T_9	T_{10}	T_{11}	T_{12}	T_{13}	T_{14}	T_{15}	T_{16}	T_{17}	T_{18}	T_{19}	T_{20}	T_{21}	T_{22}	
P_{22}	2	4	3	3	3	2	3	3	4	2	3	3	3	2	2	3	3	3	3	2	3	4	3
P_{23}	3	2	2	3	3	2	3	4	3	2	2	3	3	2	4	3	2	4	4	2	4	3	4
P_{24}	3	4	3	1	3	4	3	4	1	3	2	3	2	3	4	4	2	3	2	4	2	2	2
P_{25}	4	2	3	2	4	2	2	3	4	2	3	2	4	2	2	1	4	2	2	2	1	2	3
P_{26}	3	2	2	3	3	2	3	4	3	2	3	3	3	2	4	3	2	4	4	2	4	3	4
P_{27}	3	3	4	3	1	3	2	3	2	3	4	2	3	3	1	2	3	3	4	4	2	4	3
P_{28}	3	3	2	3	4	1	4	2	3	3	3	4	3	4	3	4	3	2	4	1	3	2	2
P_{29}	2	3	2	3	4	3	1	4	3	1	4	3	1	2	2	2	3	2	3	4	2	2	1
P_{30}	3	3	4	2	2	4	2	4	3	1	4	2	2	4	3	4	4	2	2	3	4	3	4
P_{31}	3	4	3	1	3	4	3	4	1	3	2	3	3	3	4	4	2	3	2	4	2	2	2
P_{32}	3	2	3	3	4	2	3	2	3	2	4	3	3	3	2	4	3	4	2	3	3	1	3
P_{33}	2	4	2	2	4	2	3	2	4	3	3	3	4	2	3	3	3	4	3	2	3	3	4
P_{34}	3	3	2	3	2	2	3	2	3	3	4	1	2	3	2	4	4	2	3	3	4	2	3

(2) 评价指标约简

对一线员工绩效考核指标决策属性进行约简，可以分为求取核属性和最小约简两步。采用数据分析法，对数据进行分析并将条件属性逐一去掉，如果分类正确则没有产生影响，为非核属性；如果产生影响，则为核属性。

设决策属性集为 D，条件属性集为 C。通过数据逐一比较分析，得到核属性集如下。

$$U/D=\left\{\begin{array}{c}\{5,15,29,34\},\{6,10,12,18,21,24,28,31\},\\ \{1,2,7,9,14,16,19,22,25,27,32\},\\ \{2,3,8,11,13,17,20,23,26,30,33\}\end{array}\right\}$$

$$U/C=\left\{\begin{array}{c}\{1\},\{2\},\{3\},\{4\},\{5\},\{6\},\{7\},\{8\},\{9\},\{10\},\{11\},\{12\},\\ \{13\},\{14\},\{15\},\{16\},\{17\},\{18\},\{19\},\{20\},\{21\},\{22\},\{23\},\\ \{24\},\{25\},\{26\},\{27\},\{28\},\{29\},\{30\},\{31\},\{32\},\{33\},\{34\}\end{array}\right\}$$

$$Pos_C^D=\left\{\begin{array}{c}1,2,3,4,5,6,7,8,9,10,11,12,13,14,15,16,17,18,\\ 19,20,21,22,23,24,25,26,27,28,29,30,31,32,33,34\end{array}\right\}$$

$$U/C-\{T_1\}=\left\{\begin{matrix}\{1\},\{2\},\{3\},\{4,11\},\{5\},\{6\},\{7\},\{8\},\{9\},\{10\},\{12\},\\ \{13\},\{14\},\{15\},\{16\},\{17\},\{18\},\{19\},\{20\},\{21\},\{22\},\{23\},\\ \{24\},\{25\},\{26\},\{27\},\{28\},\{29\},\{30\},\{31\},\{32\},\{33\},\{34\}\end{matrix}\right\}$$

$$Pos_{C-\{T_1\}}{}^{D}=\left\{\begin{matrix}1,2,3,5,6,7,8,9,10,12,13,14,15,16,17,18,19,\\ 20,21,22,23,24,25,26,27,28,29,30,31,32,33,34\end{matrix}\right\}$$

$$Pos_{C-\{T_1\}}{}^{D}\neq Pos_C{}^{D}$$

$\therefore T_1$ 为核属性。

同理，对 T_2、T_3、T_4、T_5、T_6、T_7、T_8、T_9、T_{10}、T_{11}、T_{12}、T_{13}、T_{14}、T_{15}、T_{16}、T_{17}、T_{18}、T_{19}、T_{20}、T_{21}、T_{22} 进行逐一寻找，去掉可去指标，得到核指标。

$$Core=\{T_1,T_2,T_3,T_4,T_5,T_6,T_8,T_{10},T_{11},T_{12},T_{13},T_{14},T_{15},T_{17},T_{18},T_{19},T_{20}\}$$

$$Pos_{\{T_1,T_2,T_3,T_4,T_5,T_6,T_8,T_{10},T_{11},T_{12},T_{13},T_{14},T_{15},T_{17},T_{18},T_{19},T_{20}\}}{}^{D}=Pos_c{}^{D}$$

$\therefore \{T_1, T_2, T_3, T_4, T_5, T_6, T_8, T_{10}, T_{11}, T_{12}, T_{13},$

T_{14}，T_{15}，T_{17}，T_{18}，T_{19}，T_{20}｝为最小相对约简。

去掉重复或冗余指标｛T_7，T_9，T_{16}，T_{21}，T_{22}｝，得到表 4-3。

表 4-3　约简指标决策表

	指标分析																	决策属性
	T_1	T_2	T_3	T_4	T_5	T_6	T_8	T_{10}	T_{11}	T_{12}	T_{13}	T_{14}	T_{15}	T_{17}	T_{18}	T_{19}	T_{20}	
P_1	4	2	3	4	4	1	2	2	1	2	3	3	4	2	3	3	4	3
P_2	3	1	4	2	2	4	2	4	4	2	1	2	4	4	2	4	3	3
P_3	3	3	2	3	4	1	3	3	3	4	3	4	3	3	2	4	1	4
P_4	2	4	3	4	2	3	2	4	4	3	2	3	4	3	2	4	3	4
P_5	3	1	3	2	2	4	2	4	4	2	1	2	4	4	2	4	3	3
P_6	1	3	2	4	3	2	4	3	3	4	2	3	1	3	4	2	3	2
P_7	4	1	2	4	2	2	1	3	4	2	3	2	2	4	2	3	4	3
P_8	3	3	2	3	2	2	2	3	4	1	2	3	2	3	2	3	3	4
P_9	4	1	2	2	2	2	1	3	4	2	3	2	2	4	2	3	4	3

续表

	指标分析																	决策属性
	T_1	T_2	T_3	T_4	T_5	T_6	T_8	T_{10}	T_{11}	T_{12}	T_{13}	T_{14}	T_{15}	T_{17}	T_{18}	T_{19}	T_{20}	
P_{10}	2	3	2	3	4	3	4	1	4	3	1	3	2	3	2	3	4	2
P_{11}	3	4	3	4	2	3	2	4	4	3	2	3	4	3	2	4	3	4
P_{12}	4	3	2	3	4	1	3	1	4	3	4	2	2	2	3	4	2	2
P_{13}	3	2	3	3	4	2	2	2	4	2	3	3	2	3	4	2	3	4
P_{14}	4	3	3	4	4	1	2	2	1	2	3	3	4	2	3	3	4	3
P_{15}	4	3	2	3	4	2	3	1	4	3	4	2	2	2	3	4	2	2
P_{16}	1	3	2	4	2	2	4	3	3	4	2	3	1	3	4	2	3	3
P_{17}	2	4	3	3	3	2	3	2	3	3	3	2	2	3	3	4	2	4
P_{18}	3	3	4	2	2	4	4	1	4	2	2	4	2	4	2	2	3	2
P_{19}	3	3	4	3	1	3	3	3	4	2	3	3	1	3	3	4	3	3
P_{20}	2	4	2	2	4	2	2	2	3	3	4	2	3	3	4	3	2	4
P_{21}	4	2	3	2	4	2	3	2	3	2	4	2	2	4	3	2	2	2
P_{22}	2	4	3	3	3	2	3	2	3	3	3	2	2	3	3	3	2	3
P_{23}	3	2	2	3	3	2	4	2	2	3	3	2	4	2	4	4	2	4

续表

	指标分析																	决策属性
	T_1	T_2	T_3	T_4	T_5	T_6	T_8	T_{10}	T_{11}	T_{12}	T_{13}	T_{14}	T_{15}	T_{17}	T_{18}	T_{19}	T_{20}	
P_{24}	3	4	3	1	3	4	4	3	2	3	2	3	4	2	3	2	4	2
P_{25}	4	2	3	2	4	2	3	2	3	2	4	2	2	4	2	2	2	3
P_{26}	3	2	2	3	3	2	4	2	3	3	3	2	4	2	4	4	2	4
P_{27}	3	3	4	3	1	3	3	3	4	2	3	3	1	3	3	4	4	3
P_{28}	3	3	2	3	4	1	2	3	3	4	3	4	3	3	2	4	1	2
P_{29}	2	3	2	3	4	3	4	1	4	3	1	2	2	3	2	3	4	1
P_{30}	3	3	4	2	2	4	4	1	4	2	2	4	3	4	2	2	3	4
P_{31}	3	4	3	1	3	4	4	3	2	3	3	3	4	2	3	2	4	2
P_{32}	3	2	3	3	4	2	2	2	4	3	3	3	2	3	4	2	3	3
P_{33}	2	4	2	2	4	2	2	3	3	3	4	2	3	3	4	3	2	4
P_{34}	3	3	2	3	2	2	2	3	4	1	2	3	2	4	2	3	3	3

（3）SZ 酒店绩效考核指标体系

通过粗糙集理论对一线员工绩效考核指标进行约简后，得出核属性指标，并将核属性按 T_1，T_2，…，T_n 的顺序进行编号作为绩效考核指标，据此建立优化后的 SZ 酒店一线员工绩效考核指标，如表 4-4 所示。

表 4-4　核属性指标体系

	指标分类	绩效指标	
绩效考核指标体系	个人素质	T_1	仪容仪表
		T_2	语言表达
		T_3	热情对待客人
		T_4	与同事关系融洽
		T_5	工作配合与支持满意度
	工作态度	T_6	服从上级
		T_7	遵守纪律
		T_8	工作规范
		T_9	信息准确度

续表

	指标分类	绩效指标	
绩效考核指标体系	工作能力	T_{10}	执行力强
		T_{11}	勇于承担责任
		T_{12}	善于沟通
		T_{13}	按规定时间完成工作
	业绩能力	T_{14}	经营业绩
		T_{15}	管理业绩
		T_{16}	月度工作计划完成情况
		T_{17}	安全生产

最后得到的 SZ 酒店一线员工绩效考核指标包括了个人素质、工作态度、工作能力、业绩能力 4 个方面的能力，共 17 项指标。由于绩效考核指标体系涉及员工各方面的能力，这反映了考核的针对性和全面性。为避免指标中出现重复或冗余的现象，因此在研究中提出了运用粗糙集属性约简方法，对初步建立的一线员工绩效考核指标进一步删繁去冗，使得评价指标更加精简和优化。

4.3 基于层次分析法的SZ酒店一线员工绩效考核指标的确定

酒店一线员工绩效考核是一项关系到普通员工切身利益及酒店效益的工作。绩效考核指标体系是一种定量与定性相结合的考核方式，它的指标层次及数量比较复杂，虽然前面已经确定了指标类别及具体的考核指标，但是每一个指标对于SZ酒店一线员工绩效考核的贡献程度又有所区别，即考核权重不一致。因此，需要采用一种既合理又科学的方法，来进一步确定各指标的权重。

4.3.1　构建绩效考核指标权重的层次分析模型

目前确定权重的方法有很多，通常可以分为两大类：一类是主观赋权法，即首先由专家或有经验的管理者，根据标度法的原则及其经验对考核指标进行主观判断得出原始数据，如层次分析法、德尔菲法和古林法等；另一类为客观赋值法，即由考核单位根据实际形成各考核指标的原始数据，如主成分分析法、均方差法和离差最大化法等。

（1）选择层次分析法

层次分析法是指决策者根据标度法原则，将其经验判断予以量化，从而将一些定性决策问题定量化。

第一步，建立递阶层次结构模型。根据所研究问题的评价目的，设计出不同层次评价指标，建立一个多层级指标的结构模型，分为目标层、准则层和指标层。其中，目标层中只有一个元素，一般是分析问题的预定目标或理想结果；准则层中包含了为实现目标所涉及的中间环节，可以由若干个层次组成；指标层包括了为实现目标可供选择的各种措施、决策方案等。

第二步，确定本层次要素相对于上一层次要素的权重，按重要程度进行两两比较，得出判断矩阵（a_{ij}）$_{n\times n}$，确定 a_{ij} 值的 1～9 级标度，如表 4-5 所示。

表 4-5　1～9 级标度

标度 a_{ij}	定义
1	i 因素与 j 因素同样重要
3	i 因素比 j 因素稍微重要
5	i 因素比 j 因素明显重要
7	i 因素比 j 因素重要得多
9	i 因素比 j 因素绝对重要
2，4，6，8	为以上相邻判断之间的中间状态对应的标度值
倒数	若 j 因素与 i 因素比较，得到判断值为 $a_{ij}=1/a_{ji}$，$a_{ij}=1$

第三步，求判断矩阵的特征向量 V，通过和法先对判断矩阵的每列求和得出 $\sum_{i=1}^{m} a_{ij}$，令 $b_{ij}={a_{ij}}\Big/{\sum_{i=1}^{m} a_{ij}}$，算得 $\omega_i=\sum_{j=1}^{n} {b_{ij}}/{n}$；

通过根法先计算 $\omega_i=(\prod_{j=1}^{n}a_{ij})^{1/n}$，再进行归一化处理得出 $\omega_i=\frac{\omega_i}{\sum_{j=1}^{n}\omega_i}$，$V=(\omega_1, \Lambda, \omega_n)^T$。

第四步，计算最大特征值λ_{max}，$\lambda_{max}=\frac{1}{n}\sum_{i=1}^{n}\frac{\sum_{j=1}^{n}a_{ij}\omega_j}{\omega_i}$；一致性检验 $CI=\frac{\lambda_{max}-n}{n-1}$，以一致性比例 $CR=\frac{CI}{RI}$值为检验标准，判断矩阵是否具有一致性，其随机一致性指标 RI 的取值，如表 4-6 所示[39]。

表 4-6 随机一致性指标 RI 的取值

维数	1	2	3	4	5	6	7	8	9	10	11
RI	0	0	0.58	0.90	1.12	1.24	1.32	1.41	1.45	1.49	1.51

根据 SZ 酒店实际情况及一线员工绩效考核指标特点，分析各种方法的优缺点及其应用范围，选择层次分析法来确定 SZ 酒店一线员工绩效考核指标权重，主要原因有以下几个方面。

第一，采用层次分析法，主要是根据 SZ 酒店的实际及一线员工绩效考核指标的特点来确定的。由于酒店一线员工绩效考核体系的影响因素多、影响复杂，指标之间相互影响、相互制约；分解后的指标结构形式，尤其适合应用层次分析法这种多目标、多准则的系统评价模式。

第二，层次分析法这种决策方法简洁、实用。不单纯要求深奥数学，计算简便，对行为、推理、逻辑也不过分要求，而是很好将定性及定量方法相结合，将复杂系统进行分解，更好地解决考核指标权重的问题。

第三，层次分析法理论比较成熟，实践经验及案例可以借鉴，所需定量数据信息较少，有效地弥补 SZ 酒店考核经验缺乏及一线员工绩效考核指标数据不足问题。可以将各复杂的考核指标化为简单的权重进行计算，特别是利用其兼容性联合德尔菲法使用，为 SZ 酒店一线员工绩效考核提供良好的技术支持。

（2）构建层次分析结构模型

运用层次分析法，根据具体情况构建 SZ 酒店一线员工绩效考核指标体系层次分析结构模型，如图 4-1 所示。

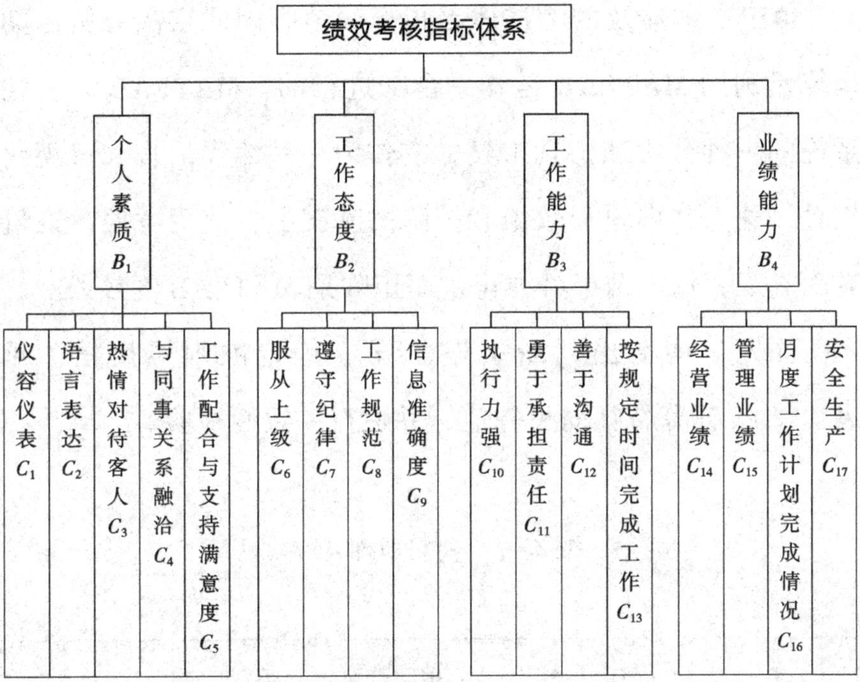

图 4-1　SZ 酒店一线员工绩效考核指标体系层次分析结构模型

4.3.2　准则层权重的确定

对于考核指标权重的运算，就是运用层次分析法对获得的数据进行处理，通过所有层级的计算，最终得出各指标的权数。

由于本书涉及的考核体系指标较多，因此层次分析法的运算是利用 MATLAB 运算平台来进行的。MATLAB 是线性系统的一种分析和仿真工具，它作为一种编程语言和可视化工具，建立在向量、数组和矩阵的基础上，使用方便，人机界面直观，输出结果可视化，而矩阵是 MATLAB 的核心。

首先，构造出判断矩阵 $A-B$，确定准则层权重（见表 4-7），计算特征向量等值，并进行一致性检验。

表 4-7　判断矩阵 $A-B$

A	B_1	B_2	B_3	B_4
B_1	1	1/2	1/3	1/3
B_2	2	1	1/2	1
B_3	3	2	1	3
B_4	3	1	1/3	1

运用 MATLAB 运算平台，可以直接得出判断矩阵的最大特征值及其特征向量。在 MATLAB 命令窗中输入以下命令，求出上述判断矩阵的最大特征值及其特征向量。

```
>>A=[1  1/2  1/3  1/3; 2  1  1/2  1; 3  2  1  3;
3  1  1/3  1]
>>[V, q]=eig(A)

V=

   0.1913    0.1090 + 0.1705i    0.1090 - 0.1705i    0.1289
   0.3818   -0.0098 + 0.0327i   -0.0098 - 0.0327i   -0.7732
   0.8132   -0.8763             -0.8763               0.5890
   0.3954    0.2093 - 0.3822i    0.2093 + 0.3822i    0.1965

q=

   4.1031         0                   0                  0
   0        -0.0674 + 0.6503i         0                  0
   0              0           -0.0674 - 0.6503i          0
   0              0                   0               0.0317
```

于是，可得出判断矩阵的最大特征值 $\lambda_{max}=4.1031$，其对应的特征向量为：

$V=[0.1913，0.3818，0.8132，0.3954]^T$

一致性指标为：

$$CI=\frac{\lambda_{\max}-n}{n-1}=0.0343$$

随机一致性比率为：

$$CR=\frac{CI}{RI}=0.0343/0.90=0.0381<0.1$$

所以，判断矩阵具有满意的一致性。归一化处理后，其权重为：

$w^{(A)}=[0.1074，0.2143，0.4564，0.2219]^T$

4.3.3 指标层权重的确定

指标层权重可以通过构造各准则层（i=1，2，…，11）对指标层 C_j（j=1，2，…，6）的判断矩阵来确定。

（1）判断矩阵 B_1-C（见表 4-8）

表 4-8　判断矩阵 B_1-C

B_1	C_1	C_2	C_3	C_4	C_5
C_1	1	1/2	1/2	1/2	1/3
C_2	2	1	1/2	1/2	1/3
C_3	2	2	1	2	3
C_4	2	2	1/2	1	1/2
C_5	3	3	1/3	2	1

利用 MATLAB 运算平台，可得出其最大特征值及对应的特征向量为：

λ_{max}=5.3473

V=[0.1905，0.2495，0.7178，0.3445，0.5172]^T

一致性指标为：

$$CI=\frac{\lambda_{max}-n}{n-1}=0.0868$$

随机一致性比率为：

$$CR=\frac{CI}{RI}=0.0775<0.1$$

所以，判断矩阵具有满意的一致性。归一化处理后，其权重为：

$$w^{(B_1)}=[0.0943，0.1236，0.3554，0.1706，0.2561]^T$$

（2）判断矩阵 B_2–C（见表 4–9）

表 4–9 判断矩阵 B_2–C

B_2	C_6	C_7	C_8	C_9
C_6	1	1	1/2	1/2
C_7	1	1	1/2	1/3
C_8	2	2	1	2
C_9	2	3	1/2	1

利用 MATLAB 运算平台，可得出其最大特征值及对应的特征向量为：

λ_{max}=4.1179

V=[0.2931，0.2703，0.7231，0.5640]^T

一致性指标为：

$$CI=\frac{\lambda_{max}-n}{n-1}=0.0393$$

随机一致性比率为：

$$CR=\frac{CI}{RI}=0.0437<0.1$$

所以，判断矩阵具有满意的一致性。归一化处理后，其权重为：

$w^{(B_2)}$= [0.1584，0.1461，0.3907，0.3048]^T

（3）判断矩阵 B_3–C（见表 4–10）

表 4–10　判断矩阵 B_3–C

B_3	C_{10}	C_{11}	C_{12}	C_{13}
C_{10}	1	2	2	3
C_{11}	1/2	1	2	3
C_{12}	1/2	1/2	1	2
C_{13}	1/3	1/3	1/2	1

利用 MATLAB 运算平台，可得出其最大特征值及对应的特征向量为：

λ_{max}=4.0710

V=[0.7537，0.5308，0.3355，0.1940]^T

一致性指标为：

$$CI=\frac{\lambda_{max}-n}{n-1}=0.0237$$

随机一致性比率为：

$$CR=\frac{CI}{RI}=0.0263<0.1$$

所以，判断矩阵具有满意的一致性。归一化处理后，其权重为：

$$w^{(B_3)}=[0.4155，0.2926，0.1850，0.1069]^T$$

（4）判断矩阵 B_4–C（见表 4–11）

表 4–11　判断矩阵 B_4–C

B_4	C_{14}	C_{15}	C_{16}	C_{17}
C_{14}	1	1/2	1/3	1/3
C_{15}	2	1	1/2	1
C_{16}	3	2	1	1/2
C_{17}	3	1	2	1

利用 MATLAB 运算平台，可得出其最大特征值及对应的特征向量为：

$\lambda_{\max}=4.1707$

$V=[0.1980，0.4277，0.5640，0.6780]^T$

一致性指标为：

$$CI=\frac{\lambda_{\max}-n}{n-1}=0.0569$$

随机一致性比率为：

$$CR=\frac{CI}{RI}=0.0632<0.1$$

所以，判断矩阵具有满意的一致性。归一化处理后，其权重为：

$w^{(B_4)}=[0.1060，0.2290，0.3020，0.3630]^T$

4.3.4 考核指标体系合成权重

通过对绩效考核指标体系中各级指标相对于总目标权重的计算，合成后得出绩效考核指标体系的总权重，如表4-12所示。

表 4-12　SZ 酒店一线员工绩效考核指标合成权重

一级指标	二级指标	合成权重
个人素质 0.1074	仪容仪表 0.0943	0.0101
	语言表达 0.1236	0.0133
	热情对待客人 0.3554	0.0382
	与同事关系融洽 0.1706	0.0183
	工作配合与支持满意度 0.2561	0.0275
工作态度 0.2143	服从上级 0.1584	0.0340
	遵守纪律 0.1461	0.0313
	工作规范 0.3907	0.0837
	信息准确度 0.3048	0.0653
工作能力 0.4564	执行力强 0.4155	0.1896
	勇于承担责任 0.2926	0.1336
	善于沟通 0.1850	0.0844
	按规定时间完成工作 0.1069	0.0488

续表

一级指标	二级指标	合成权重
业绩能力 0.2219	经营业绩 0.1060	0.0235
	管理业绩 0.2290	0.0508
	月度工作计划完成情况 0.3020	0.0670
	安全生产 0.3630	0.0806

4.4　量表设计与结果应用

在通过绩效考核确定一线员工的绩效奖金时，首先需要根据 SZ 酒店的总体收益状况，对一线员工所在部门进行绩效考核与评价，确定各部门的总体绩效奖金。然后，根据优化后的 SZ 酒店一线员工绩效考核指标体系，对各部门一线员工进行绩效考核，在部门总体绩效奖金范畴内确定各位员工的绩效考核奖金。

绩效考核要体现以下三个方面的原则。

第一，考核公开原则。对一线员工开展绩效考核，其目的之一是要在酒店内形成良性竞争的机制，所以，考核要遵循公开原则，包括考评目的、标准、方法、内容程序及结果都要公开透明，并以结果正确引导酒店各部门及员工形成正确竞争意识，产生激励作用。

第二，公平、公正原则。考核评价应建立在客观事实的基础上，对被考核部门及员工与确定的考核指标及要求进行比较，确保考核过程公平、公正。

第三，奖励与处罚相结合原则。奖励与处罚相结合，奖励先进、促进落后，可以进一步规范员工行为与调动员工工作积极性，提高酒店的工作效益和经济效益。

4.4.1 考核与评估组织

SZ 酒店一线员工月度绩效考核评估工作由总经理牵头组织，酒店执行总经理、副 / 助理总经理、财务部、人力资源部、宾客服务部、行政办公室等部门相关人员参与组成考评小组，行政办公室负责日常组织跟进工作。考评小组成员负责的主要工作，如表 4-13 所示。

表 4-13　考评小组成员负责的主要工作

序号	评估内容	评估组织 / 实施
1	经营业绩	财务部
2	管理业绩	财务部、人力资源部
3	月度工作计划完成情况	行政办公室、人力资源部（各部门负责人对下属完成情况提供评估意见）
4	员工个人行为修养	人力资源部、各部门
5	不良事件	行政办公室 相关部门提供相关评估结果
6	非操守类表彰行为	人力资源部 相关部门提供相关评估结果
7	工作配合和支持满意度	行政办公室
8	安全生产	保安部 / 行政办公室

4.4.2 部门绩效考核主要内容

部门绩效考核的主要目的在于，让员工了解酒店和本部门的经营管理业绩目标，激发员工的工作热情。通过对部门绩效和员工绩效的综合评估，促进团队建设，促使员工加强反省、修正和提升的意识和能力，进而帮助员工成长；通过将酒店经营效益、部门绩效、个人的工作绩效和个人行为表现与员工的个人收入挂钩，使员工的贡献得到认可，提高员工工作的积极性、主动性和创造性。同时，员工的月度评估成绩直接与员工的月度个人收入相挂钩，可以作为员工任用、工资调整、员工奖惩和培训的主要依据。部门绩效考评内容，具体如表 4-14 所示。

表 4-14　部门绩效考评内容

<table>
<tr><th colspan="2">部门绩效考评内容</th><th>备　注</th></tr>
<tr><td rowspan="2">月度经营指标</td><td>部门经营收入</td><td>（1）餐饮部办公室（含助理总监）、餐饮酒水部、餐饮管事部的部门经营收入是指整个餐饮部营业收入
（2）中厨房、餐饮营业部的收入包括中餐收入和宴会部宴席收入
（3）西饼房的经营收入指西餐经营收入
（4）宾客服务部、布草房分部、PA 分部及酒店二线部门的经营收入指整个酒店的经营收入
（5）个人收入主要与个人业绩提成相挂钩，以相关规定为准</td></tr>
<tr><td>部门毛利润 / 经营收益（GOP）</td><td>布草房、PA 分部的 GOP 与房务部 GOP 挂钩；其余未列出的，均与部门经营收入挂钩</td></tr>
</table>

续表

<table>
<tr><th colspan="2">部门绩效考评内容</th><th>备　注</th></tr>
<tr><td rowspan="4">月度管理指标</td><td>成本率
（仅适用于除管事部外的餐饮部）</td><td>中厨房的成本包括中餐厅成本和宴会部的宴席成本</td></tr>
<tr><td>客房开房率
（仅适于房务部）</td><td></td></tr>
<tr><td>部门员工流失率</td><td></td></tr>
<tr><td>部门员工培训完成情况</td><td></td></tr>
<tr><td colspan="2">月度工作计划完成情况</td><td></td></tr>
<tr><td colspan="2">其他部门对本部门工作配合和支持的满意度</td><td></td></tr>
<tr><td colspan="2">安全生产</td><td></td></tr>
<tr><td colspan="2">不良事件</td><td rowspan="3">既反映到部门绩效考核上，也与个人绩效考核有关</td></tr>
<tr><td colspan="2">非操守类表彰行为（合理化建议、拾金不昧、表扬信、“五心”服务、服务技能大赛获奖等）</td></tr>
<tr><td colspan="2">个人行为修养</td></tr>
</table>

由于酒店各部门之间存在差异，根据部门的实际情况，各部门的月度绩效考评也有所不同，需要从实际出发，确定各部门的经营奖惩系数，从而得出各部门的绩效考核奖金。

（1）餐饮部经营奖惩系数

经营奖惩系数（E）= 经营收入收益奖惩系数（EI）× 成本率奖惩系数（CH）。其中，经营收入收益奖惩系数如表 4-15 所示，成本率奖惩系数如表 4-16 所示。

表 4-15　经营收入收益奖惩系数

<table>
<tr><th rowspan="3" colspan="2">经营收入完成率（B）</th><th colspan="4">经营收入收益奖惩系数（EI）</th></tr>
<tr><th rowspan="2">GOP 完成率
G ≥ 100%</th><th colspan="3">GOP 完成率
G < 100%</th></tr>
<tr><th>90% ≤ G < 100%</th><th>80% ≤ G < 90%</th><th>G < 80%</th></tr>
<tr><td rowspan="3">B ≥ 95%</td><td>95% ≤ B ≤ 100%</td><td>1</td><td rowspan="3">1</td><td rowspan="3">G</td><td rowspan="3">0</td></tr>
<tr><td>100% < B ≤ 150%</td><td>1+0.5+（B−1）
以上适用于无宴会奖励提成岗位
1+0.25+（B−1）</td></tr>
<tr><td>B > 150%</td><td>1+1+（B−1）
以上适用于无宴会奖励提成岗位
1+0.5+（B−1）</td></tr>
</table>

续表

经营收入完成率（B）		经营收入收益奖惩系数（EI）			
		GOP 完成率 $G \geq 100\%$	GOP 完成率 $G < 100\%$		
			$90\% \leq G < 100\%$	$80\% \leq G < 90\%$	$G < 80\%$
$B < 95\%$	$90\% \leq B < 95\%$	B	$B \times G$		0
	$80\% \leq B < 90\%$	$0.9-(0.9-B) \times 2$	$[0.9-(0.9-B) \times 2] \times G$		
	$75\% \leq B < 80\%$	$0.9-(0.9-B) \times 3$	$[0.9-(0.9-B) \times 3] \times G$		
	$B < 75\%$	0	0		
注：所有楼面服务岗位的经营奖惩系数（E）= 经营收入收益奖惩系数（EI）。					

4-16　成本率奖惩系数

（实际成本率－预算成本率）×100（C）		成本率奖惩系数（CH）
$C \leqslant 0$		1
$C > 0$	$0 < C < 5$	$1-C\times10\%$
	$C > 5$	0

（2）客房经营奖惩系数

客房经营奖惩系数，如表 4-17 所示。

表 4-17　客房经营奖惩系数

经营收入完成率（B）		经营奖惩系数（E）					
		GOP 完成率 $G \geq 100\%$		GOP 完成率 $G < 100\%$			
				$90\% \leq G < 100\%$		$80\% \leq G < 90\%$	$G < 80\%$
		开房率≥预算	开房率＜预算	开房率≥预算	开房率＜预算		
$B \geq 95\%$	$95\% \leq B \leq 00\%$	1		1	1	G	0
	$100\% < B \leq 50\%$	1+0.5+（B-1）以上适用于无客房预订奖励提成岗位 1+0.25+（B-1）					
	$B > 150\%$	1+1+（B-1）以上适用于无客房预订奖励提成岗位 1+0.5+（B-1）					

续表

<table>
<tr><td colspan="2" rowspan="4">经营收入完成率（B）</td><td colspan="6">经营奖惩系数（E）</td></tr>
<tr><td colspan="2" rowspan="2">GOP 完成率 $G \geqslant 100\%$</td><td colspan="4">GOP 完成率 $G < 100\%$</td></tr>
<tr><td colspan="2">$90\% \leqslant G < 100\%$</td><td rowspan="2">$80\% \leqslant G < 90\%$</td><td rowspan="2">$G < 80\%$</td></tr>
<tr><td>开房率≥预算</td><td>开房率＜预算</td><td>开房率≥预算</td><td>开房率＜预算</td></tr>
<tr><td rowspan="4">$B < 95\%$</td><td>$90\% \leqslant B < 95\%$</td><td rowspan="3">1</td><td>B</td><td rowspan="3">G</td><td colspan="2">$B \times G$</td><td rowspan="4">0</td></tr>
<tr><td>$80\% \leqslant B < 90\%$</td><td>$0.9-(0.9-B) \times 2$</td><td colspan="2">$[0.9-(0.9-B) \times 2] \times G$</td></tr>
<tr><td>$75\% \leqslant B < 80\%$</td><td>$0.9-(0.9-B) \times 3$</td><td colspan="2">$[0.9-(0.9-B) \times 3] \times G$</td></tr>
<tr><td>$B < 75\%$</td><td colspan="2">0</td><td>0</td><td colspan="2">0</td></tr>
<tr><td colspan="8">注：房务部办公室的经营收入完成率与房务部收入挂钩。</td></tr>
</table>

（3）娱乐部、康体部经营奖惩系数

娱乐部、康体部经营奖惩系数，如表 4-18 所示。

4-18　娱乐部、康体部经营奖惩系数

<table>
<tr><th rowspan="3" colspan="2">经营收入完成率（B）</th><th colspan="4">经营奖惩系数（E）</th></tr>
<tr><th rowspan="2">GOP 完成率
$G \geqslant 100\%$</th><th colspan="3">GOP 完成率
$G < 100\%$</th></tr>
<tr><th>$90\% \leqslant G < 100\%$</th><th>$80\% \leqslant G < 90\%$</th><th>$G < 80\%$</th></tr>
<tr><td rowspan="3">$B \geqslant 95\%$</td><td>$95\% \leqslant B \leqslant 100\%$</td><td>1</td><td rowspan="3">1</td><td rowspan="3">G</td><td rowspan="3">0</td></tr>
<tr><td>$100\% < B \leqslant 150\%$</td><td>1+0.5+（$B$-1）
以上适用于无订房奖励提成岗位
1+0.25+（B-1）</td></tr>
<tr><td>$B > 150\%$</td><td>1+1+（B-1）
以上适用于无订房奖励提成岗位
1+0.5+（B-1）</td></tr>
</table>

续表

<table>
<tr><th rowspan="3" colspan="2">经营收入完成率（B）</th><th colspan="4">经营奖惩系数（E）</th></tr>
<tr><th rowspan="2">GOP 完成率
$G \geqslant 100\%$</th><th colspan="3">GOP 完成率
$G < 100\%$</th></tr>
<tr><th>$90\% \leqslant G < 100\%$</th><th>$80\% \leqslant G < 90\%$</th><th>$G < 80\%$</th></tr>
<tr><td rowspan="4">$B < 95\%$</td><td>$90\% \leqslant B < 95\%$</td><td>B</td><td colspan="2">$B \times G$</td><td></td></tr>
<tr><td>$80\% \leqslant B < 90\%$</td><td>$0.9-(0.9-B)\times 2$</td><td colspan="2">$[0.9-(0.9-B)\times 2]\times G$</td><td></td></tr>
<tr><td>$75\% \leqslant B < 80\%$</td><td>$0.9-(0.9-B)\times 3$</td><td colspan="2">$[0.9-(0.9-B)\times 3]\times G$</td><td></td></tr>
<tr><td>$B < 75\%$</td><td>0</td><td colspan="2">0</td><td></td></tr>
<tr><td colspan="6">注：此表所述“订房奖励”包括预订 KTV 包房、SPA 房、养生馆理疗房等。</td></tr>
</table>

（4）市场营销部、前厅部、宾客服务部经营奖惩系数

市场营销部、前厅部、宾客服务部经营奖惩系数，如表 4–19 所示。

表 4–19　市场营销部、前厅部、宾客服务部经营奖惩系数

<table>
<tr><th rowspan="3" colspan="2">经营收入完成率（B）</th><th colspan="3">部门经营奖惩系数（E）</th></tr>
<tr><th rowspan="2">（部门实际费用 − 部门费用预算）/ 部门费用预算 ×100%
$D < 0$</th><th colspan="2">（部门实际费用 − 部门费用预算）/ 部门费用预算 ×100%
$D > 0$</th></tr>
<tr><th>$D < 0.1$</th><th>$D > 0.1$</th></tr>
<tr><td rowspan="2">$B \geqslant 95\%$</td><td>$95\% \leqslant B \leqslant 100\%$</td><td>1</td><td>$1-D$</td><td rowspan="2">0</td></tr>
<tr><td>$100\% < B \leqslant 150\%$</td><td>$1+0.5+(B-1)$
以上适用于市场营销部无收入奖励提成岗位
$1+0.25+(B-1)$</td><td>$[1+0.5+(B-1)]\times(1-D)$
以上适用于市场营销部无收入奖励提成岗位
$[1+0.25+(B-1)]\times(1-D)$</td></tr>
</table>

续表

<table>
<tr><th colspan="2" rowspan="3">经营收入完成率（B）</th><th colspan="3">部门经营奖惩系数（E）</th></tr>
<tr><th rowspan="2">（部门实际费用－部门费用预算）/部门费用预算×100%
$D<0$</th><th colspan="2">（部门实际费用－部门费用预算）/部门费用预算 ×100%
$D>0$</th></tr>
<tr><th>$D<0.1$</th><th>$D>0.1$</th></tr>
<tr><td>$B\geqslant 95\%$</td><td>$150\%<B$</td><td>$1+1+(B-1)$
以上适用于市场营销部无收入奖励提成岗位
$1+0.5+(B-1)$</td><td>$[1+1+(B-1)]\times(1-D)$
以上适用于市场营销部无收入奖励提成岗位
$[1+0.5+(B-1)]\times(1-D)$</td><td rowspan="5">0</td></tr>
<tr><td rowspan="4">$B<95\%$</td><td>$90\%\leqslant B<95\%$</td><td>B</td><td>$B\times(1-D)$</td></tr>
<tr><td>$80\%\leqslant B<90\%$</td><td>$0.9-(0.9-B)\times 2$</td><td>$[0.9-(0.9-B)\times 2]\times(1-D)$</td></tr>
<tr><td>$75\%\leqslant B<80\%$</td><td>$0.9-(0.9-B)\times 3$</td><td>$[0.9-(0.9-B)\times 3]\times(1-D)$</td></tr>
<tr><td>$B<75\%$</td><td>0</td><td>0</td></tr>
</table>

续表

<table>
<tr><td rowspan="3">经营收入完成率（B）</td><td colspan="3">部门经营奖惩系数（E）</td></tr>
<tr><td rowspan="2">（部门实际费用 – 部门费用预算）/ 部门费用预算 × 100%
$D < 0$</td><td colspan="2">（部门实际费用 – 部门费用预算）/ 部门费用预算 × 100%
$D > 0$</td></tr>
<tr><td>$D < 0.1$</td><td>$D > 0.1$</td></tr>
<tr><td colspan="4">注：
（1）市场营销部的经营收入完成率与全酒店收入挂钩，个人收入主要与个人业绩提成相挂钩，以相关规定为准。
（2）宾客服务部的经营收入完成率与全酒店收入挂钩，费用与宾客服务部费用挂钩。
（3）前厅部的经营收入完成率与房务部收入挂钩，费用与前厅部费用挂钩。</td></tr>
</table>

（5）二线部门经营奖惩系数

二线部门主要包含行政办公室、财务部、人力资源部、工程部、保安部、后勤部、园林部等 7 个部门，其经营奖惩系数如表 4-20 所示。

表 4-20　二线部门经营奖惩系数表

<table>
<tr><th rowspan="3" colspan="2">酒店经营收入完成率（B）</th><th colspan="3">部门经营奖惩系数（E）</th></tr>
<tr><td rowspan="2">（部门实际费用－部门费用预算）/ 部门费用预算 ×100%
$D<0$</td><td colspan="2">（部门实际费用－部门费用预算）/ 部门费用预算 ×100%
$D>0$</td></tr>
<tr><td>$D<0.1$</td><td>$D>0.1$</td></tr>
<tr><td rowspan="3">$B \geqslant 95\%$</td><td>$95\% \leqslant B \leqslant 100\%$</td><td>1</td><td>$1-D$</td><td rowspan="3">0</td></tr>
<tr><td>$100\% < B \leqslant 150\%$</td><td>$1+0.1+(B-1)$</td><td>$[1+0.1+(B-1)]\times(1-D)$</td></tr>
<tr><td>$150\% < B$</td><td>$1+0.2+(B-1)$</td><td>$[1+0.2+(B-1)]\times(1-D)$</td></tr>
</table>

续表

<table>
<tr><th colspan="2" rowspan="3">酒店经营收入完成率（B）</th><th colspan="3">部门经营奖惩系数（E）</th></tr>
<tr><th rowspan="2">（部门实际费用 - 部门费用预算）/ 部门费用预算 ×100%
$D < 0$</th><th colspan="2">（部门实际费用 - 部门费用预算）/ 部门费用预算 ×100%
$D > 0$</th></tr>
<tr><th>$D < 0.1$</th><th>$D > 0.1$</th></tr>
<tr><td rowspan="4">$B <$ 95%</td><td>90% ≤ B < 95%</td><td>B</td><td>B ×（1-D）</td><td rowspan="4">0</td></tr>
<tr><td>80% ≤ B < 90%</td><td>0.9-（0.9-B）×2</td><td>[0.9-（0.9-B）×2]×（1-D）</td></tr>
<tr><td>75% ≤ B < 80%</td><td>0.9-（0.9-B）×3</td><td>[0.9-（0.9-B）×3]×（1-D）</td></tr>
<tr><td>B < 75%</td><td>0</td><td>0</td></tr>
<tr><td colspan="5">注：主管级及以下职级岗位，当其所属分部的某一关键费用超过预算的 10% 时，经营奖惩系数按 1 计。</td></tr>
</table>

（6）经营调节系数

利用当月经营收入预算与当年月均经营收入预算的比值，来确定经营调节系数，以更有效地确定以上表格中没有界定的系数，如表 4-21 所示。

4-21　经营调节系数

序号	当月经营收入预算 / 当年月均经营收入预算（A）	经营调节系数（EN）	
		$EI \geqslant 1$	$EI < 1$
1	$A \geqslant 150\%$	1.3	1
2	$110\% \leqslant A < 150\%$	1.1	
3	$A < 110\%$	1	

（7）个人非经营综合评估奖惩系数

由于各部门都存在个人非经营性情况，因此，各部门奖惩系数的计算，既要根据部门员工流失率与培训完成情况（计算标准见表 4-22），又要根据对于月度工作计划完成情况进行加减分的奖惩标准（见表 4–23），如果出现非操守类表彰行为，则其奖励标准如表 4–24 所示。

计算方式如下：个人非经营综合评估得分 =100 ± 管理指标奖惩分 ± 员工个人行为表现奖惩分 – 不良事件扣分 + 非操守类表彰行为 ± 安全生产得分；个人非经营综合评估得分率 = 个人非经营综合评估得分 /100 × 100%。

表 4–22　管理指标奖惩标准

指标名称	奖罚细则
部门员工流失率	月度累积流失率高于预算流失率的，扣罚在当月体现：3 个百分点之内扣 5 分，3 个百分点以上的视情况扣 10 ~ 20 分（处罚后不再累积计算） 月度累积流失率低于预算流失率的，奖励每季度兑现一次：低于 3 个百分点以内的加 5 分，低于 3 个百分点以上的视情况加 10 ~ 20 分
部门员工培训完成情况	月度培训小时数每少于预算指标 0.5 小时扣 5 分，以此类推

表 4-23　月度工作计划完成情况奖惩标准

评估加减分情况	对应的业绩标准
加分（5～20 分）	员工当月整体工作表现出色或某项专项工作表现出色
不加不减	员工当月绩效表现达到期望，不加分、不扣分
减分（5～20 分）	员工当月某项或某几项专项工作表现未达期望，根据其当月表现欠佳程度，每项可视情形扣 5～20 分
注：此项考核时加减分的分值一般为 5 分或 5 分的倍数。	

表 4-24 非操守类表彰行为奖励标准

评估加减分情况	对应的行为	备注
视情况加 10～40 分（专项工作已奖励的不再重复奖励）	为酒店或集团提出合理化建议，且被部门、酒店或集团采纳，未达到集团、酒店嘉奖或年度性奖项条件的	

续表

评估加减分情况	对应的行为	备注
加 5 分	经酒店确认的拾金不昧行为，拾获物品价值或现金的数额在 1000～2000 元（含）的	
加 10 分	经酒店确认的拾金不昧行为，拾获物品价值或现金的数额在 2001～5000 元（含）的	
加 15 分	经酒店确认的拾金不昧行为，拾获物品价值或现金的数额在 5001～20000 元（含）的	
加 30 分	经酒店确认的拾金不昧行为，拾获物品价值或现金的数额在 20000 元以上的	
视情况加分，主管级及以下人员每次不超过 10 分，经理级人员每次 5 分	在服务过程中因提供优质服务或超出岗位工作职责的服务而收到客人表扬信的、有部门书面记录客人口头表扬的、因协助其他部门开展工作而收到书面表扬信的	

续表

评估加减分情况	对应的行为	备注
“五心”案例	获评当月“五心”服务月度明星奖；在月度员工大会中宣讲“五心”案例，当事人加 10 分，未宣讲的，月度评估加 5 分	
获得第一名加 30 分；获得第二名加 20 分；获得第三名加 10 分；参与过程中表现特别突出的，加 10 分（需说明表现突出的详细情况）	参加集团举办的服务技能比赛，并获得相应名次	

另外，员工个人行为表现、不良事件、安全生产的奖罚标准以员工手册及酒店相关管理制度为依据；工作配合和支持的满意度情况，由行政办公室提供相关调查数据及事件，供总经理级参考，酌情考虑加减分。

4.4.3　一线员工考核量表设计与结果应用

（1）一线员工考核量表

一线员工绩效考核的最终考核结果主要包含了两个部分，分别为月度绩效考核成绩和年度绩效考核成绩。其中，月度绩效考核成绩是将一线员工在各个岗位的个人素质表现、工作态度、工作能力以及业绩能力等进行综合汇总求出的，而年度绩效考核成绩则是月度绩效考核结果的总和。在具体的考核中，一线员工的月度绩效考核以所优化的绩效考核指标为标准，但是也不完全局限于此，还考虑了一线员工工作过程中的某些突发情况。SZ 酒店一线员工绩效考核综合评价，如表 4-25 所示。

表 4-25　SZ 酒店一线员工绩效考核综合评价

指标类别	考核项目	合成权重	考核得分（百分制）					加权后得分
			自评	同事	部门主管	考评小组	四者加权得分	
个人素质	仪容仪表	0.0101						
	语言表达	0.0133						
	热情对待客人	0.0382						
	与同事关系融洽	0.0183						
	工作配合与支持满意度	0.0275						
工作态度	服从上级	0.0340						
	遵守纪律	0.0313						
	工作规范	0.0837						
	信息准确度	0.0653						

续表

指标类别	考核项目	合成权重	考核得分（百分制）					加权后得分
			自评	同事	部门主管	考评小组	四者加权得分	
工作能力	执行力强	0.1896						
	勇于承担责任	0.1336						
	善于沟通	0.0844						
	按规定时间完成工作	0.0488						
业绩能力	经营业绩	0.0235						
	管理业绩	0.0508						
	月度工作计划完成情况	0.0670						
	安全生产	0.0806						
合计得分								

续表

指标类别	考核项目	合成权重	考核得分（百分制）					加权后得分
			自评	同事	部门主管	考评小组	四者加权得分	
注： （1）四者加权得分 = 自评 ×10%+ 同事 ×10%+ 部门主管 ×20%+ 考评小组 ×60%。 （2）加权后得分 = 合成权重 × 四者加权得分。								

（2）考核结果应用

一线员工月度绩效考核结果直接与员工月度个人收入挂钩，同时作为员工任用、职务调整、工资调整和员工奖惩的主要依据。

个人收入主要与个人业绩提成挂钩，以相关规定为准。其他员工月度评估成绩与员工月度个人收入挂钩的办法如下。

$F=JF\times E\times EN\times FE\times K$

F——一线员工月实际所得浮动工资。

JF——一线员工月基准浮动工资。在确定员工月工资时同时予以确定。

E——岗位经营奖惩系数。主要与岗位所挂钩的经营指标完成情况及成本率（适用于餐饮部）有关，除特别约定外，下列任意之一情形的岗位经营奖惩系数均按 1 计：主管及以下级岗位，经营奖惩系数小于 1 时；当月休假天数超过 15 天（该休假包含除国家法定节假日外的所有假期，如例休、年假、积假调休等）；当月离职员工。

EN——经营调节系数。考虑到每月经营存在淡旺季、收入上下起伏等因素，而且员工付出的工作量也存在差异，因此特别对每月预算收入情况的难易系数进行测评。该系数主要与当月经营收入预算与当年月均经营收入预算的比值有关。

FE——个人非经营综合评估奖惩系数。主要与岗位所挂钩的非经营指标完成情况有关。

K——考勤系数。主要与员工个人当月实际出勤情况有关。

第 5 章

SZ酒店一线员工绩效考核指标体系实施的保障措施

5.1　明确酒店战略目标

酒店的发展需要有一个明确的战略目标、战略导向，要有整体前进的方向和目标。酒店决策层不仅要对酒店未来发展方向和发展前景进行事先规划，而且在酒店发展过程中，也要围绕其战略目标进行合理的资源配置。SZ 酒店一线员工实施绩效考核管理，就是为战略导向、目标的实现而采取的实际行动。因此，既要有一个明确而确定的战略目标，更要保证目标与战略导向一致[40]。

一线员工绩效考核过程是以 SZ 酒店的战略目标为依据的，而只有能被执行和监控的战略目标才是可实现的。酒店一线员工是顾客最直接的服务者，他们对酒店战略目标的实施具有最直接的作用，因此要让员工对酒店的战略有清晰的认识和了解，并主动参与酒店战略目标实施全过程。

绩效考核要服务于酒店的战略目标，在执行绩效计划时更不能偏离酒店战略。绩效考核过程中，负责考核的管理人员一方面要确定考核方案的实施办法，另一方面还要着重监督考核过程是否顺畅及准确，特别是要注意员工的工作与战略目标是否有偏差。一旦发现两者之间出现偏差，就要依据绩效考核措施要求予以纠正，使员工及时调整好工作，有效完成工作任务。

一线员工绩效考核指标的制定是围绕着酒店的战略目标进行的，既要求其有助于酒店战略目标的完成，也要求其有利于酒店的发展并能为顾客提供优质的服务，所以，在一线员工绩效考核指标体系实施过程中，必须要做好监督及反馈工作。

5.2　树立科学的绩效考核管理观

开展一线员工绩效考核，从 SZ 酒店的高层管理者、各部门管理层到一线员工都要有一定的共识，总体而言，需要树立科学的绩效考核管理观，只有如此才能使一线员工绩效考核体系的实施取得明显成效。

从酒店管理层角度来说，需要从酒店管理理念以及组织制度上着手，坚持营造以服务为导向的服务理论，强调服务至上，努力使员工感受到提供优质服务的重要性，不断营造更加积极和浓厚的服务环境。同时，通过各种方式及激励措施对一线员工给予支持，使他们能够积极主动地为顾客提供优质的服务。

从员工个人角度来说，要认识到绩效考核的重要性，以及自身的努力对服务及工作绩效的积极作用，既要了解自己的不足，也要有一定的自信。作为一线员工，要利用酒店所提供的各种培训机会，努力提高服务水平和服务技能，正确对待并积极参与绩效考核，树立科学的绩效考核竞争意识[41]。

总之，对于一线员工绩效考核指标体系，所有SZ酒店员工都应充分了解，并且要充分认识到一线员工绩效考核指标体系是酒店战略与个人发展相结合、酒店利益与个人利益相一致的。一线员工绩效考核不是为了惩罚员工，而是更客观地反映其工作状态，帮助其改善工作及服务能力，在提高酒店效益的同时，提升一线员工的薪资待遇。

5.3　加强绩效考核管理的培训与宣传

酒店在加强一线员工绩效考核过程中，需要加大宣传，为绩效考核营造良好的环境。要求各部门支持协同，提升一线员工的参与感，营造积极的绩效考核氛围。开展培训活动，重点解读绩效考核对酒店及员工的重要性，让全体员工更深刻地认识工作绩效对酒店及员工的意义，使得绩效考核工作能够在一线员工中有效开展并发挥其现实作用。

5.3.1　对绩效考评者进行培训

考评者的知识与能力决定着绩效考核的结果，因此需要对参与绩效考评者开展培训，培养一批能够掌握专业考评知识及能力的绩效考核者，使 SZ 酒店绩效考核体系充分发挥效力，确保绩效考核体系有效动作，从而有效提升一线员工整体绩效水平，增加酒店效益。

5.3.2 对考核对象进行宣传

由于一线员工对绩效考核体系及其作用普遍缺乏认识，在开展绩效考核过程中势必会遇到很多障碍，甚至使一线员工产生抵触心理，所以要高度重视宣传工作，而宣传对象则应该是酒店的所有员工。

总之，要想使绩效考核体系顺利开展并有效发挥作用，SZ 酒店需要加强对包括一线员工在内的全体人员开展绩效考核的学习与培训，让他们充分理解绩效考核体系的内容、考核的目标及其产生的作用，并积极塑造 SZ 酒店以绩效考核为导向的新企业文化[42]。

5.4　建立制度化的绩效考核管理体系

为了使所制定的计划有效运行，建立制度是其根本保证。酒店对各管理层人员的职责要明确，并要全面提升其执行能力，充分地发挥制度化的作用，在开展绩效考核过程中，要明确绩效考核的方法和流程，并保证考核的公平、公正、公开。除此之外，酒店还要以正式的文件方式，将绩效考核体系确定下来，从而形成制度化的绩效考核管理体系[43–44]。

5.5 建立酒店绩效文化

企业文化代表了企业的价值观，也体现了企业的管理文化和工作氛围等，有利于提升员工的道德修养以及文化素质，增强全体员工的自我约束力及凝聚力。

一家酒店的成功，包含了酒店的超前规划、品牌培育、构建营销渠道和打造专业化管理团队等因素，而酒店文化也是其中重要的一项。酒店的企业文化的培育与发展，有利于增强酒店的竞争力，SZ 酒店一线员工绩效考核体系的落实，也需要酒店企业文化的支持推动，建立起有效的酒店绩效文化。

因此，SZ 酒店的当务之急就是结合酒店发展的实际情况，合理建构完善的酒店绩效文化，提升员工对酒店绩效考核的认同与支持，从而形成强大的凝聚力，提高 SZ 酒店内部各方面工作的执行力，增强发展的适应力和竞争力[45-46]。

酒店文化建设的核心是酒店管理者、员工以及顾客，而三位一体相结合的文化建设方向，将有助于酒店创造更高的效益与价值[47]。

第 6 章

总结与研究展望

完善的绩效管理和有效的绩效考核体系是企业发展的重要保障，而一线员工又是一个企业中最基本、最重要的组成部分。SZ 酒店的管理者认识到绩效考核对酒店发展的重要意义，因此在绩效管理过程中，非常重视本酒店一线员工绩效考核指标体系的建立和实施。

本书以 SZ 酒店为对象，分析了 SZ 酒店的一线员工绩效考核现状，对原有的绩效考核指标体系进行研究，就其存在的问题与不足，结合 SZ 酒店的实际并运用理论知识，以绩效考核理念为指导，结合国内外的研究成果，基于粗糙集理论的约简方法与层次分析法，优化并建立 SZ 酒店一线员工绩效考核指标体系。

本书着重从以下几个方面进行论述。

（1）从绩效考核的概念、基本论述和指标设计原则出发，分析了绩效管理环境下的一线员工绩效考核特征。

（2）把本书的研究建立在SZ酒店一线员工绩效考核指标的问题上，优化了该酒店部门与员工的绩效考核流程与关系。

（3）基于绩效考核指标的科学及合理原则，首先利用粗糙集理论的约简方法，对一线员工绩效考核指标进行合理的优化及确定；其次采用较为成熟的层次分析法对其做出筛选，提高了运算速度和准确性，同时也增强了实用性和可操作性；最后运用MATLAB平台进行运算，从而确定指标权重，形成优化后的SZ酒店一线员工绩效考核指标体系。

（4）为使优化后的一线员工绩效考核指标体系准确有序地贯彻与执行，还根据酒店实际提出了切实可行的指标体系实施的保障措施。

本书旨在建立一套适应SZ酒店战略发展目标的一线员工绩效考核指标体系，并据此分类设计了适合酒店实际的绩效考核表，提出了一线员工绩效考核指标体系实施的保障措施，希望研究结果能对其他同行在一线员工绩效考核指标的制定、实施方面有一定借鉴意义。

由于多方面的原因，本书的研究还存在不足之处，无论是指标体系还是优化方法，都有待更多的实践检验和完善。

参考文献

[1] 陈薇.星级酒店一线员工的薪酬福利状况和对策研究[J].桂林旅游高等专科学校学报,2008（2）：235-239.

[2] Neely，et al.Performance measurement system design：Should process based approaches be adopted？[J]. International Journal of Production Economics，1996，46（2）：423-431.

[3] 德鲁克.卓有成效的管理者[M].许是祥，译.北京：机械工业出版社，2009.

[4] 郑楚华，李炜兴.国外企业绩效考核研究综述[J].中小企业管理与科技，2014（6）：16.

[5] 方振邦，孙一平.绩效管理[M].北京：科学出版社，2010.

[6] 王丽娟，何妍 . 绩效管理 [M]. 北京：清华大学出版社，2009.

[7] 顾琴轩 . 绩效管理 [M]. 上海：上海交通大学出版社，2006.

[8] 张培德，李刚 . 绩效考核与管理 [M]. 上海：华东理工大学出版社，2009.

[9] 阿吉斯 . 绩效管理 [M]. 刘昕，曹仰锋，译 . 北京：中国人民大学出版社，2008.

[10] 袁静 . 西方政府绩效管理实践对我国的启示意义 [J]. 现代企业教育，2007（24）：62-63.

[11] 郑楚华，李炜兴 . 国外企业绩效考核研究综述 [J]. 中小企业管理与科技，2014（6）：16.

[12] Bonner S E，Sprinkle G B.The effects of monetary incentives on effort and task performance：Theories，evidence，and a framework for research[J]. Accounting，Organizations and Society，2002（27）：303–345.

[13] Eppler M J，Oliver S.Managing team knowledge：Core processes，tools and enabling factors[J].European Management Journal，2000（18）：334–341.

[14] Mohd-Sanus Z，Mohd-Iskandar T.Audit judgment

performance: Assessing the effect of performance incentives, effort and task complexity[J].Managerial Auditing Journal, 2000 (22): 34-52.

[15] Gustavsen A, Roiseland A, Pierre J.Procedure or performance? Assessing citizen's attitudes toward legitimacy in Swedish and Norwegian local government[J].Urban Research & Practice, 2014 (7): 200-212.

[16] 张德.人力资源开发与管理[M].北京：清华大学出版社，2007.

[17] 梁米佳.生产型企业如何做好绩效考核[J].中小企业管理与科技，2010（6）：6-7.

[18] 廖芝淇.大陆台资电子制造业一线生产员工绩效评估模式研究[D].长沙：中南大学，2005.

[19] 朴春风.生产线员工工资方案设计[J].中国人力资源，2004（7）：56-58.

[20] 龚建平.浅析绩效考核的误区[J].内蒙古科技与经济，2003（5）：46-47.

[21] 邓云.绩效管理成功因素的分析[J].管理学刊，2010（5）：58-60.

[22] 张丽丽 .ASY 包装公司一线员工绩效管理实践研究 [D]. 苏州：苏州大学，2008.

[23] 郝红，姜洋 . 绩效管理 [M]. 北京：科学出版社，2012.

[24] 张德 . 人力资源开发与管理 [M]. 北京：清华大学出版社，2007.

[25] 王杰 . 完善地质勘探事业单位绩效考核体系探讨 [J]. 知识经济，2011（23）：6.

[26] 范思爽 . 现代组织绩效考核方法的比较分析 [J]. 赤峰学院学报（自然科学版），2011（5）：75-76.

[27] Pawlak Z. Rough sets：Theoretical aspects of reasoning about data[M]. Leiden：Kluwer Academic Publishers，1992.

[28] 刘清 .Rough 集及 Rough 推理 [M]. 北京：科学出版社，2003.

[29] 运筹学教材编写组 . 运筹学 [M].3 版 . 北京：清华大学出版社，2005.

[30] 梁国业 . 数学建模 [M]. 北京：冶金工业出版社，2004.

[31] Weber C A，Current J R，Benton W C.Vender selection criteria and methods[J]. European Journal of Operational Research，1991（50）：2-18.

[32] 张建林，钱江 . 浅析供应商选择决策——应用层次分析法的问题 [J]. 技术经济与管理研究，2002（1）：76–77.

[33] 李力，陈宏，王进发 . 基于模糊层次分析法的军品供应商选择体系研究 [J]. 管理科学，2007（1）：40–47.

[34] 罗如学 .FT 摩托车公司零部件供应商选择研究 [D]. 昆明：昆明理工大学，2008.

[35] 余泽忠 . 绩效考核与薪酬管理 [M].2 版 . 武汉：武汉大学出版社，2017.

[36] 王莉 .L 律师事务所绩效考核优化方案设计 [D]. 济南：山东大学，2013.

[37] 刘军 .LY 酒店绩效管理体系改进研究 [D]. 西安：西安工业大学，2016.

[38] 张文修，姚一豫，梁怡 . 粗糙集与概念格 [M]. 西安：西安交通大学出版社，2006.

[39] 运筹学教材编写组 . 运筹学 [M].3 版 . 北京：清华大学出版社，2005.

[40] 方振邦，罗海元 . 战略性绩效管理 [M]. 北京：中国人民大学出版社，2010.

[41] 刘欢 . 星级酒店员工心理资本对工作绩效的影响研究：服务氛围的调节作用 [D]. 蚌埠：安徽财经大学，2016.

[42] 车先明 . 酒店绩效管理体系的研究与设计 [D]. 南昌：江西财经大学，2016.

[43] 赵一玲 . 企业人力资源绩效管理中的问题及对策 [J]. 现代商业，2014（1）：70.

[44] 王涛 .YZ 佳驿连锁酒店绩效管理体系设计及实施研究 [D]. 武汉：武汉工程大学，2016.

[45] 赵一玲 . 企业人力资源绩效管理中的问题及对策 [J]. 现代商业，2014（1）：70.

[46] 王涛 .YZ 佳驿连锁酒店绩效管理体系设计及实施研究 [D]. 武汉：武汉工程大学，2016.

[47] 余慧 . 长沙 7 天连锁酒店员工绩效管理体系优化研究 [D]. 长沙：湖南大学，2016.

附录一　调查问卷

您好！感谢您的参与。

本调查是桂林理工大学与 SZ 酒店共同进行的，主要目的是对 SZ 酒店拟设定的一线员工绩效考核指标进行充分的了解。本调查问卷以不记名的方式进行，其结果只做数据统计分析，不做其他用途，请根据您的工作实际情况及经验判断认真如实填写。

说明：在相应的位置打“√”，其中“1”代表“非常重要”，“2”代表“重要”，“3”代表“一般”，“4”代表不重要。

题号	题目	1	2	3	4
1	仪容仪表				
2	语言表达				
3	热情对待客人				
4	与同事关系融洽				
5	工作配合与支持满意度				
6	服从上级				
7	员工个人行为修养				
8	工作规范				
9	非操守类表彰行为				
10	遵守纪律				
11	信息准确度				
12	执行力强				
13	勇于承担责任				
14	善于沟通				
15	按规定时间完成工作				
16	学习能力				
17	经营业绩				

续表

题号	题目	1	2	3	4
18	管理业绩				
19	月度工作计划完成情况				
20	安全生产				
21	团队协作能力				
22	不良事件				

附录二　层次分析法评分问卷

为了确定SZ酒店一线员工绩效考核指标的权重，需要您提供宝贵的时间完成以下问卷。请您对问卷中提到的两个指标的重要性加以比较。问卷采用1~9标度法，请在相应的数字下打“√”，或根据您的判断直接填写中间值。数字标度的定义如下。

重要性级别	定义
1	两因素比较，具有相同的重要性
3	两因素比较，一个因素比另一个稍微重要
5	两因素比较，一个因素比另一个明显重要
7	两因素比较，一个因素比另一个重要得多

续表

重要性级别	定义
9	两因素比较，一个因素比另一个绝对重要
2、4、6、8	上述相邻判断的中间值

第一部分：个人素质

尺度 / 指标	绝强 9∶1	极强 7∶1	强 5∶1	稍强 3∶1	同等 1∶1	稍弱 1∶3	弱 1∶5	极弱 1∶7	绝弱 1∶9	尺度 / 指标
	2、4、6、8——上述相邻判断的中间值									
仪容仪表										语言表达
仪容仪表										热情对待客人
仪容仪表										与同事关系融洽

续表

尺度 / 指标	绝强 9∶1	极强 7∶1	强 5∶1	稍强 3∶1	同等 1∶1	稍弱 1∶3	弱 1∶5	极弱 1∶7	绝弱 1∶9	尺度 / 指标
	2、4、6、8——上述相邻判断的中间值									
仪容仪表										工作配合与支持满意度
热情对待客人										与同事关系融洽
热情对待客人										工作配合与支持满意度
与同事关系融洽										工作配合与支持满意度

第二部分：工作态度

尺度 指标	绝强 9∶1	极强 7∶1	强 5∶1	稍强 3∶1	同等 1∶1	稍弱 1∶3	弱 1∶5	极弱 1∶7	绝弱 1∶9	尺度 指标
	2、4、6、8——上述相邻判断的中间值									
服从上级										遵守纪律
服从上级										工作规范
服从上级										信息准确度
遵守纪律										工作规范
遵守纪律										信息准确度
工作规范										信息准确度

第三部分：工作能力

尺度 / 指标	绝强 9：1	极强 7：1	强 5：1	稍强 3：1	同等 1：1	稍弱 1：3	弱 1：5	极弱 1：7	绝弱 1：9	尺度 / 指标
	2、4、6、8——上述相邻判断的中间值									
执行力强										勇于承担责任
执行力强										善于沟通
执行力强										规定时间完成工作
勇于承担责任										善于沟通
勇于承担责任										按规定时间完成工作
善于沟通										按规定时间完成工作

第四部分：业绩能力

尺度 指标	绝强 9：1	极强 7：1	强 5：1	稍强 3：1	同等 1：1	稍弱 1：3	弱 1：5	极弱 1：7	绝弱 1：9	尺度 指标
	2、4、6、8——上述相邻判断的中间值									
经营业绩										管理业绩
经营业绩										月度工作计划完成情况
经营业绩										安全生产
管理业绩										月度工作计划完成情况
管理业绩										安全生产
月度工作计划完成情况										安全生产